KB117854

더 컨트롤러

누가 내 선택을 조종하는가?

The Controller

더 컨트롤러

김민식 지음

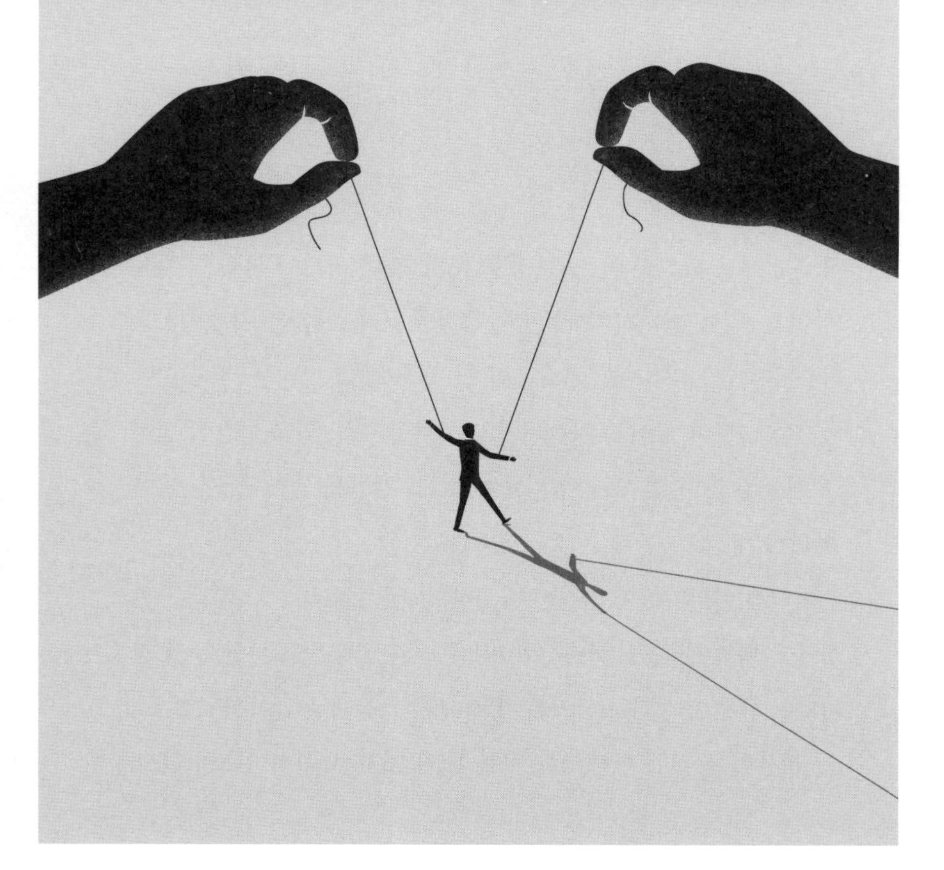

21세기북스

프롤로그

선택은 매 순간 일어난다. 이 책을 집어 들고 이 글을 읽고 있는 이 순간에도 당신의 뇌는 '선택'을 하고 있다. 여기서 선택은 '자유의지free will'를 의미하지 않는다. 우리의 뇌와 마음은 자유의지를 허용하지 않는다. 지금 여러분이 이 책을 덮어 버리든 계속 읽어 나가든 그것이 당신의 자유의지라 착각할 수도 있겠지만, 당신이 그 행동을 하기 전 당신의 뇌는 이미 그 행동을 명령했음을 알아야 한다.

이렇게 이야기하면 인간이 마치 생각 없는 좀비나 기계 같은 존재냐고 화를 낼 수도 있다. 하지만 우리의 심장을 비롯한 온갖 장기와 신체를 구성하는 세포들이 정해진 규칙대로 알아서(자동적으로) 작동하는 것에 대해서는 화를 내지 않고 오히려 안도하면서,

비단 뇌(세포)가 작동하는 방식은 제멋대로 자유의지가 있을 것이라 기대하는 것이 얼마나 모순인지는 잘 깨닫지 못한다. 다행히 우리의 뇌(마음)도 정해진 규칙대로 작동하고 심리학자들은 마음이 작동하는 방식과 규칙, 원리 등을 과학적으로 규명하려고 노력하고 있다.

물론 우리의 뇌는 이 세상 그 어떤 기계보다도 복잡하다. 더욱이 인간은 타고난 유전이나 기질에 의해서만 행동하는 '좀비'도 아니다. 한 사람의 뇌에 천억 개에 가까운 뇌세포(뉴런)가 각기 다른 뉴런들과 평균 만 개의 복잡한 연결(시냅스)을 이루며 작동하고, 이런 뇌를 가진 사람끼리도 다양한 방식으로 서로의 뇌(마음)와 소통하며 직접적 영향을 주고받는다. 이렇게 복잡한 뇌의 작동 과정에서, 즉 우리 마음의 작동 과정에서, 초기에 일어나는 중요한 사건이 바로 '선택'이다.

무엇을 선택하느냐에 따라서 개인의 운명, 가족의 운명, 조직의 운명, 더 나아가서 국가나 인류의 운명이 달라진다. 이 책이 거창하게 국가나 인류를 이야기하진 않지만, 적어도 한 개인의 정보 선택과 그것의 이용 과정(기억과 판단)은 분명 그 사람의 생각과 행동, 삶을 조형하고, 나아가서 주변 사람들과 그가 속한 집단과 사회에도 영향을 줄 수밖에 없다.

오늘 아침에 어떤 옷을 입고, 무엇을 먹고, 누구를 만날지도 선택이 필요하다. 투자할지 말지, 진학할지 말지, 어떤 전공을 할지, 어떤 직업을 가질지도 모두 선택이 필요하다. 흔히 선택이라고 하면 자신의 지식이나 동기, 목표 등 자신에게 내재되어 있는 생각을 갖고 의식적으로 하는 선택을 떠올리지만, 이런 의식적 선택만 있는 것은 아니다. 선택은 의식적, 의도적 생각 없이도 외부의 자극들에 의해 자동적으로 결정될 수 있으며 때로는 습관적으로 일어날 수도 있다. 다시 말해, 우리 뇌에서 무의식적이고 자동적인 선택이 매 순간 일어난다. 사실 이런 무의식적이고 자동적인 선택 기전이 더 빈번하게 일어난다. 글을 읽거나, 길을 걷거나, 또는 누군가와 대화하는 등의 일상생활에서 우리의 시각이나 청각, 촉각 등 감각기관으로부터 들어오는 수많은 정보들 중에 일부만을 거의 자동적으로(별 의식 없이) 선택한다.

당신이 이 글을 읽으면서도 글자 하나하나를 의식적으로 선택한다고 생각하는가? 그렇게 한다면 우리는 자연스럽게 글을 읽을 수 없을 것이다. 컴퓨터 자판이 익숙해지면 글을 쓸 때 자판 하나하나를 의식해서 치지 않듯이 말이다.

어디 그뿐인가? 당신이 뭔가에 집중하려고 해도 갑자기 주변에 큰 소리가 들리면 그 큰 소리는 자동으로 선택된다. 당신의 의

도와 상관없이 주의를 뺏겨 버리는 것이다. 운전하다가 갑자기 뭔가가 길가로 툭 튀어나오면 당신의 뇌는 그 자극을 자동적으로 선택하여 자동적 반응(급브레이크)을 일으킨다. 인식하고 의도적으로 선택하고 나서 브레이크를 밟으면 이미 늦을 수도 있다.

일반 시민과 청소년들을 상대로 인간의 무의식에 관한 내용을 소개하는 심리학 교양 강연을 했을 때의 일이다. 강연 마지막에 한 어린 학생이 이런 질문을 했다. "무의식은 인간에게 해로운 걸까요? 좋은 걸까요? 아니면 보통인가요?"

나는 이 질문에 무의식이 좋고 나쁘고를 떠나 우리에게 꼭 필요한 것, 우리 생존에 반드시 필요한 것이라고 대답하였다. 아마도 이 질문은 그동안 많은 사람이 무의식이라고 하면 (오래전 정신분석의 창시자인 프로이트가 주장한) 숨겨진 욕망, 악마와 같은 공격성, 성적 본능 등 어둡고 억눌린 자신이 모르는 두려운 존재로 인식해 온 탓도 있다. 오늘날 심리과학은 '무의식'을 우리의 뇌가 의식적 자각 없이 처리하는 모든 마음의 작동 과정으로 그 범위를 확장하여 연구하고 있다.

자유의지가 없고 무의식이 중요하다면 내 생각과 행동은 아무 의미 없는 것인가? '나'라는 존재는 자신의 행동에 어떠한 책임도 지지 않는가? 물론 아니다. 내가 경험한 것, 내가 배운 것, 내가 아는 것이 선택에 영향을 준다. 즉, 선택 중에는 분명 당신의 의식적 지식이나 목표, 동기에 근거한 판단이 있다. 또한 당신 혼자만이 사는 것이 아니라 여러 사람이 '약속'을 하고 규칙을 정했기에 책임을 물을 수 있다. 지금 이 책을 손에 잡은 독자라면 그 이유가 안에 있든(내적 동기) 밖에 있든(외적 동기) 우연이든 아니든, 스스로를 더 이해하고 인간에 대한 지식을 축적할 기회일 수 있다. 이 글이 당신의 선택을 안내하고 있는 것이다.

이 책은 목표를 설정하는 것이 왜 중요한지, 무엇에 주의를 기울이는 것이 중요한지, 우리의 사고가 어떤 상황에서 편향되는지를 알려주고 자신과 자신을 둘러싼 주변 사람들의 마음을 보다 객관적으로 이해하는 데 도움을 줄 것이다. 결정적으로 당신이 살아가며 접하는 수많은 정보 중에 무엇을 선택할지를 보다 합리적이고 적응적으로 안내하는 역할을 할 것이다. 이런 선택 하나하나가 모여 삶의 방향과 운명이 달라질 수 있다.

또한 인간이 어떻게 정보를 선택하고 변형하고, 저장하는지, 그래서 그 정보를 이용해 어떻게 판단하고 행동하는지를 인지심리학자의 관점에서 일반인이 쉽게 이해할 수 있는 언어로 소개하고 있다. 나는 지난 30여 년간 인간의 선택적 주의와 기억, 의식에 관한 연구 자료와 대학 강의 내용을 모아 책으로 출간할 만용을 부렸다. 지난 2년간 일간신문 칼럼에 기고한 내용들을 재구성하고 추가하고 윤문하였음을 밝힌다. 감사한 분들이 많다. 문화일보 최현미 부장과 오남석 차장 덕에 칼럼을 이어 갈 수 있었고, 북이십일 출판사의 강문형 에디터가 '볼만한' 책으로 만들어 주셨다. 부족한 아들, 제자, 동료, 형제, 친구, 아빠를 늘 응원해 준 가족과 친구, 동료 교수들과 제자들에게 늘 빚이 있다. 그리고 아주 오래전 나를 선택한 아내에게도.

2023년 5월

김민식

차례

04 · 마음의 선택 회로와 기억 저장 방식

PART 3

의식과 무의식 사이, 선택의 주도권을 잡는 방법

05 · 선택과 생각을 통제하는 무의식

06 · 우리의 선택이 의도한 대로 되지 않는 이유

07 · 삶의 방향을 정하는 컨트롤러

The
Controller

PART 1

이성적 인간의
비합리적 의사 결정

01

뇌 속의 작은 감옥

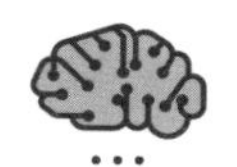

인간이 옳은 선택만 할 수 없는 이유

일반적으로 인간을 다른 동물과 구별할 때, 인간은 이성理性, reason을 지닌 동물이라고 표현해 왔다. 이때 이성이란 논리적으로 생각하고 판단하는 능력으로 '이성적'이라는 말은 감정적, 충동적, 본능적이라는 말과 대비되는 것으로 사용되기도 한다.

실제로 인간의 행동 중에는 감정적이고 충동적이고 본능적인 행동도 많지만, 그럼에도 인간은 분명 논리적으로 생각하는 능력을 지녔다. 그러나 재미있는 사실은 우리가 논리적으로 생각하는 능력을 갖추고 있다고 해서 일상생활에서 늘 논리적 사고에 근거하여 판단하는 것이 아니라는 점이다. 더 흥미로운 점은, 본인의 생각이 논리적으로 분명 잘못되었음을 인지한 경우에도 자신은 이성적으로 판단하고 있다고 착각하는 경우가 많다는 것이다.

이성적으로 생각하는 것, 즉 추리(혹은 추론)reasoning에 대해 생각해 보자. 연역적 추리 중에 조건 추리(혹은 명제 추리)의 상황을 예로 들어 우리가 얼마나 논리적 사고를 하는지 살펴보겠다.

대학에서 학생들을 가르치면서 으레 학기마다 강의 첫 시간에는 학생들에게 수업 계획서의 내용을 전달하고 성적 평가 방식을 설명하곤 한다. 이 경우 내가 학생들에게, "시험 성적이 100점 만점에 40점 이하면 F 학점을 받게 된다"라고 말했다고 하자. 그리고 내가 이때 말한 원칙을 그대로 지킨다면, 시험 성적이 30점인 학생은 당연히 F 학점을 받게 되는 것이다. 그런데 어떤 학생의 시험 성적이 60점인데 F 학점을 받았다면 어떻게 된 것일까? 이 학생은 나에게 찾아와 이렇게 항의할지도 모른다. "교수님이 40점 이하면 F라고 했잖아요? 교수님 말씀대로라면 40점보다 높은 점수에는 F를 주면 안 되는 것 아닌가요?"

이 같은 경우에 여러분은 학생의 주장이 논리적으로 옳다고 생각하는가? 결론부터 말하자면 학생의 생각은 논리적으로 타당하지 않다. 그 이유에 대해 설명하기 전에 다음의 그림과 같은 카드와 함께 진행되었던 흥미로운 실험을 소개하려고 한다.

영국의 심리학자 피터 웨이슨Peter Cathcart Wason과 그의 동료는 탁자 위에 네 장의 카드를 올려놓고 다음의 조건 진술문을 이야기했다.[1]

•── **피터 웨이슨의 카드**

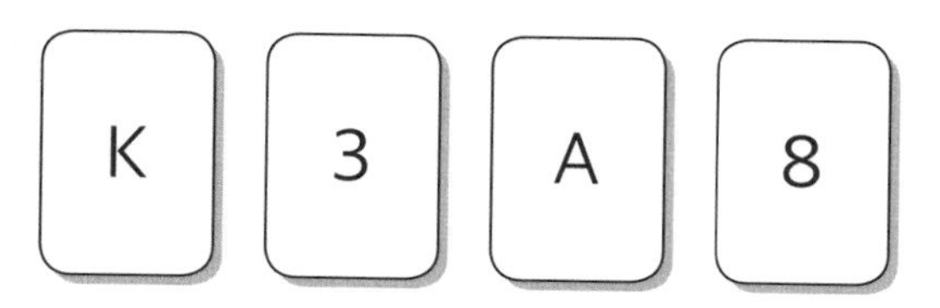

조건문: 카드의 한쪽 면에 자음이 있으면, 다른 쪽 면에는 짝수가 있다.

그리고 조건 진술문의 참과 거짓을 판단하기 위해 어떤 카드를 뒤집어 볼지 실험에 참가한 사람들에게 선택하게 했다. 여러분은 조건문의 진위를 검증하기 위해 어떤 카드를 뒤집어 보아야 한다고 생각하는가? 여기서 검증할 수 있는 카드를 단 두 장만 선택해야 한다면 어떤 카드를 골라야 할까? 그리고 그렇게 카드를 고른 이유를 생각해 보자.

가장 먼저 'K'가 적힌 카드를 뒤집어 보는 사람들이 대부분일 것이다. 옳은 선택이다. 'K'라는 자음이 적혀 있으니 다른 쪽 면에는 짝수가 적혀 있어야 하고, 그렇지 않다면 조건문이 곧장 거짓임을 확인할 수 있는 선택이기 때문이다. 그렇다면 나머지 카드는 어떤 카드를 선택해야 할까?

웨이슨의 실험에 참가한 사람 중 많은 수가 '8'이 적힌 카드를 선택했다. 짝수인 '8'이 적힌 카드를 뒤집어서 자음이 있는지 확인하려는 생각 때문이다. 하지만 이러한 생각은 위의 조건문의 진위를 검증하는 데 아무런 소용이 없다. '8'이라는 짝수가 적힌 카드를 뒤집었을 때 자음이 있건 모음이 있건 혹은 어떤 그림이 그려져 있어도 "카드의 한쪽 면에 자음이 있으면, 다른 쪽 면에는 짝수가 있다"는 조건문의 진위를 검증하는 데 도움이 되지 않는다. 누군가는 '8'이 적힌 카드를 뒤집었는데 모음이 있으면 조건문이 거짓으로 증명된 것 아니냐고 반문할지도 모른다. 하지만 애초에 조건문에서는 "카드의 한쪽 면에 짝수가 있으면, 다른 쪽 면에는 자음이 있다"고 하지 않았다.

또 어떤 사람들은 'A'라는 모음이 적힌 카드를 선택했는데, 그 이유는 자음이 아니니까 다른 쪽에는 짝수가 아닌지 확인하는 것이 필요하다는 생각 때문이다. 역시 조건문을 검증하는 데에는 관련 없는 선택이다. 'A'를 뒤집어서 짝수가 나온다고 조건문이 거짓이 되지는 않기 때문이다. 실험의 전제가 된 조건문은 한쪽 면에 자음이 있는 경우만을 밝혔을 뿐이며, 이외의 다른 조건은 언급하지 않았다. 따라서 한쪽 면에 모음이 있는 카드를 뒤집었을 때 다른 쪽 면에 무엇이 나오든 조건문을 검증하는 데에는 아무런 도움이 되지 못한다.

따라서 조건 진술문의 참과 거짓 여부를 검증할 두 번째 카드는 바로 홀수 '3'이 적힌 카드이다. '짝수'가 아닌 홀수가 적힌 카드를 뒤집었을 때 자음이 나온다면 위 진술문의 거짓이 증명되기 때문이다.

어떤 조건 진술문을 두고 그 진위를 검증하는 과정에서, 일반적으로 사람들은 전제 조건(만일 ~이라면)에 따라서 나오는 결과에 대해서 비교적 쉽게 검증한다. 이를 '전건 긍정'이라고 한다. 반대로 결과를 부정했을 때 전제 조건의 부정은 쉽게 검증하지 못한다. 이를 '후건 부정'이라고 한다. 오히려 논리적 검증과는 상관없는 오류를 쉽게 범한다. 전제 조건을 부정해서 결과가 부정되는지(전건 부정의 오류)를 확인하거나 혹은 역으로 결과를 긍정해서 전제 조건이 맞는지(후건 긍정의 오류)를 확인하는 것이다.

이러한 실험은 우리가 옳다고 생각하는 명제를 확인하는 과정에서 여러 가지 대안을 생각하지 못할 뿐 아니라, 얼마나 편파적으로 생각하게 되는지 보여 준다. 결국, 비논리적 사고의 바탕에는 단지 자신의 신념을 확인하는 방향으로 명제를 확증confirm하려고 하는 일종의 확증 편향이 자리 잡고 있다.

고등학교 수학 시간에 배운 명제 논리를 떠올려 보자. 명제 p와 q가 있을 때, 조건 명제 'p이면 q이다(p→q)'가 참이라면 그것의 '대우對偶'인 'q가 아니면 p가 아니다(~q→~p)'는 반드시 참이다. 하지만 조건 명제가 참이라고 해서 그것의 '역逆'인 'q이면 p이다(q→p)'나 혹은 '이異'인 'p가 아니면 q가 아니다(~p→~q)'가 반드시 참인지는 보장되지 않는다.

가령 '이것이 사과이면(p) 이것은 과일이다(q)'는 명제가 참이라면 그것의 대우인 '이것이 과일이 아니면(~q) 이것은 사과가 아니다(~p)'도 참이다. 하지만 해당 명제의 역인 '이것이 과일이면(q) 이것은 사과이다(p)'와 이인 '이것이 사과가 아니면(~p) 이것은 과일이 아니다(~q)'가 반드시 참인지는 보장되지 않는다. 과일이라고 모두 사과는 아니고, 사과 말고도 배나 귤도 과일일 수 있기 때문이다. 마찬가지로 '당신이 엄마라면(p) 당신에게는 아이가 있다(q)'는 명제가 참이라면, 그것의 대우인 '당신에게 아이가 없다면(~q) 당신은 엄마가 아니다(~p)'도 반드시 참이다. 하지만 해당 명제의 역인 '당신에게 아이가 있다면(q) 당신은 엄마이다(p)'와 이인 '당신이 엄마가 아니라면(~p) 당신에게는 아이가 없다(~q)'는 말은 참이 아닐 수 있다. 사실 아이가 있는 사람은 엄마만이 아니라 아빠도 있기 때문이다.

앞서 이야기한 상황으로 다시 돌아가, 내가 학생들에게 '시험 성적이 40점 이하가 되면(p) F 학점을 받는다(q)'고 했다면 이 말이 참인지는 40점보다 낮은 성적을 받은 학생들이 모두 F 학점을 받았는지를 확인하면 알 수 있다. 또한 F 학점을 받지 않은 학생들의 성적이 40점 이하가 아닌지 확인해도 검증할 수 있다. 하지만 F 학점을 받은 학생들이 모두 40점 이하인지를 확인하는 것이나 시험 성적이 40점 이상을 받은 학생들이 모두 F 학점을 받지 않았는지를 확인하는 것은 명제의 사실 여부를 검증하는 것과는 무관하다.

'시험 성적이 40점 이하면 F 학점을 받는다(p→q)'는 조건 진술문이 참이라도 그것의 역과 이인, 'F 학점을 받는다면 시험 성적이 40점 이하이다(q→p)'와 '시험 성적이 40점 이하가 아니면 F 학점을 받지 않는다(~p→~q)'는 말이 반드시 통하는 것은 아닌 셈이다. 그렇다면 여기서 또 하나의 의문을 가지게 된다. 고등학교 수학 시간에 명제의 기본 개념을 배우고 이미 알고 있는 대학생 대부분이 '시험 성적이 40점 이하면 F 학점을 받는다'는 말을 들을 때 왜 '성적이 40점 이하가 아니면 F 학점을 받지 않는다'는 비논리적 생각을 하게 된 것일까?

분명한 것은 우리가 이미 배워서 알고 있는 지식이라도 실생활에서는 제대로 사용하지 못하고 종종 잘못된 판단을 한다는 점이다. 웨이슨의 카드 실험 참가자들이나 혹은 시험 성적 60점에 F를 받고 항의하는 대학생은 모두 하나의 대안만을 생각하고 다른 대안은 생각하지 못했기 때문이라고 인지심리학자들은 해석하고 있다.

사람들은 '이것이 사과이면 이것은 과일이다'는 말의 역인 '이것이 과일이면 이것은 사과이다'와 이인 '이것이 사과가 아니면 이것은 과일이 아니다'는 잘못된 것이라는 것을 금방 알아챈다. 이유는 위의 진술문 외에도 여러 가지 참인 대안을 알고 있기 때문이다. 다시 말하면 '이것이 포도면 이것은 과일이다'도 참이고, '이것이 귤이면 이것은 과일이다'도 참이라는 것을 쉽게 생각할 수 있다는 의미이다.

'당신이 엄마라면 당신에게는 아이가 있다'는 조건문이 참인 경우에 해당 명제의 역과 이가 참이 보장되지 않음을 쉽게 깨닫는 방법은 '당신이 아빠라면 당신에게는 아이가 있다'는 대안을 제공하는 것이다. 마찬가지로, '성적이 40점 이하면 F 학점을 받는다'에 대해서 여러 대안을 생각해 보자. 가령 '결석을 10회 이상 하면 F 학점을 받는다', '보고서를 제출하지 않거나 보고서 내용이 표절이면 F 학점을 받는다', '시험 성적이 최하위이면 F 학점을 받는다' 등 여러 대안을 생각하면 비논리적 사고를 줄일 수 있다.

어떤 아이가 '장난감이 있으면 행복할 것이다'는 생각을 했을 때, 장난감을 가진 후 당장 얼마간은 행복할 수 있다. 하지만 그 생각이 맞는다고 해도 그것의 역과 이가 맞는 것은 아니라는 점을 우리는 동시에 생각해야 한다. 즉 '저 장난감이 없으면 행복하지 않을 것이다', '행복하려면 저 장난감이 있어야 한다'는 생각은 착각일 수 있다. 엄마나 친구와 놀아도 행복할 수 있고, 재미있는 책을 보면서도 행복할 수 있다는 대안을 생각한다면, 한 가지 생각으로 편향되고 비논리적인 사고에서 벗어날 수 있다.

마찬가지로 가수가 되어야만 행복할 것이라고 생각하는 학생이나, 특정 사업을 벌이면 성공할 것이라고 생각하는 사업가에게 전할 메시지가 있다. 자신이 생각하는 하나의 조건 명제에 꽂혀서 잘못된 판단을 하는 건 아닌지 돌아보아야 한다. 하나의 대안만 생각하고 다른 대안을 두지 않거나, 매달리는 조건 명제의 역이나 이(가령, 가수가 되지 못하면 행복하지 않을 것이라든가 혹은 이 사업이 아니라면 난 성공하지 못할 것이다)도 참이라고 생각하는 것은 논리적으로 잘못된 추론이다. 이러한 오류를 범하지 않기 위해서라도 다양한 대안을 생각해 보길 권한다.

두 개의 전제에서 결론을 도출하는 삼단논법도 연역적 추리 중 하나다. 가령, '모든 인간은 죽는다' 그리고 '나는 인간이다'라는 두 전제가 참이라면, '나는 죽는다'는 결론 역시 논리적으로 타당한 결론이다. 이번에는 '모든 동구 국가는 공산주의다'와 '캐나다는 동구 국가가 아니다'의 두 전제가 모두 참이라고 하자. 그렇다면 여기 두 전제로부터 '그러므로 캐나다는 공산주의가 아니다'라는 결론은 논리적으로 타당한가? 많은 사람은 캐나다가 공산주의가 아니라는 것을 알고 있기 때문에 이러한 결론도 논리적으로 타당하다고 착각하게 된다.

하지만 위의 진술문에서 캐나다 대신 북한을 넣으면 어떻게 될까? '모든 동구 국가는 공산주의다'와 '북한은 동구 국가가 아니다'라는 두 전제가 참이라고 할 때, '그러므로, 북한은 공산주의가 아니다'라는 결론은 타당하지 않다는 것을 쉽게 확인할 수 있다. 결국, 많은 사람은 논리적 추론을 해야 할 때도 결론이 자신의 신념과 일치하면 그것이 논리적으로 타당하다고 잘못 생각하게 되는 것이다.

누군가가 이렇게 얘기했다고 하자. "금융 기관이나 정부 기관을 사칭해서 보이스피싱을 하는 사람들은 사기꾼이죠. 그런데 저희는 그런 보이스피싱을 하는 사람들이 아닙니다" 라고 말이다. 이 말이 사실이라면, 이 말을 한 사람은 사기꾼이 아니라고 결론을 내리는 것이 타당한가? 다양한 보이스피싱 수법이 있고, 신종 사기꾼들이 얼마든지 다양하게 존재한다고 생각을 한다면 우리는 이러한 비논리적 추론에서 조금 더 쉽게 벗어날 수 있다. 우리는 이미 믿고 있는 것에 대한 반증보다 이미 믿고 있는 것에 부합하는 정보, 즉 확증을 찾으려고 한다. 이러한 우리의 확증 편향 경향성 때문에 제아무리 이성적 인간이라도 때때로 비이성적인 모습을 보이는 것이다. 믿고 싶은 것만 보일 때, 그리고 그것이 더욱 간절하고 절실할수록 당신은 보이스피싱 조직과 각종 사기꾼의 쉬운 먹잇감이 될 수 있다.

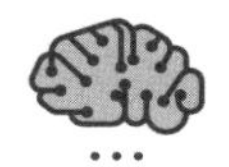

지나친 확신에 가려진 진실

파리의 상징인 에펠탑을 직접 혹은 사진이나 영상으로라도 본 적이 있을 것이다. 우선 여기 이어지는 질문들에 답을 해 보기 바란다. '파리 에펠탑의 높이가 150m보다 높을까 혹은 낮을까?', '만일 높다면, 혹은 낮다면, 에펠탑의 높이는 어느 정도라고 생각하는가?', '에펠탑의 높이를 가정할 때, 최소 높이와 최대 높이의 범위를 어느 정도로 두면 98%의 정확률로 실제 높이를 맞힐 수 있을까? 다시 말해 98% 확신할 수 있는 에펠탑의 높이 구간은 어느 정도인가?' 이들 질문에 대한 대답을 염두에 두고(혹은 종이에 적어 놓고) 다음 글을 계속 읽어 보기 바란다.

이번에는 다른 사람들에게 이렇게 질문을 했다고 하자. '파리 에펠탑의 높이가 500m보다 높을까 혹은 낮을까?', '만일 높다면,

혹은 낮다면, 에펠탑의 높이는 어느 정도라고 생각하는가?' 두 가지 질문의 차이는 먼저 에펠탑의 높이에 대해 묻는 기준을 각각 150m와 500m로 다르게 둔 것뿐이다.

그런데 이처럼 기준이 달라지면 사람들이 추측하는 에펠탑의 높이에도 큰 차이가 나타난다. 150m를 기준으로 높낮이를 생각한 사람들은 500m를 기준으로 생각한 사람들보다 에펠탑의 높이를 훨씬 더 낮게 판단한다. 강의실에서 학생들에게 같은 질문을 던져 보았을 때의 반응도 마찬가지이다. 150m를 기준으로 높낮이를 판단하면 평균 140m 정도로 에펠탑의 높이를 추정한다. 심지어 에펠탑을 직접 본 경험이 있는 사람들에게서도 결괏값이 크게 달라지지 않았다. 그런데 실제 에펠탑의 높이는 324m이다.

그렇다면 지금 이 글을 읽고 있는 여러분이 추측한 에펠탑의 높이를 생각해 보자. 여러분이 추측한 수치는 실제 에펠탑의 높이와 유사한가? 아니면 학생들이 대답한 예상 높이와 유사한가? 여러분이 추측한 최소 높이와 최고 높이 사이의 범위에 실제 에펠탑의 높이가 있는가? 마지막 질문과 관련해서는 뒤에서 다시 설명하겠다.

에펠탑의 높이가 150m보다 높은지 낮은지를 먼저 물어보았을 때, 사람들은 자신도 모르게 150m를 기준으로 에펠탑의 높이를 위나 아래로 조절하는 사고 과정을 거치게 된다. 마치 배가 정박할 때 닻anchor을 내리면 그 주변에서 크게 벗어나지 못하는 것처럼, 우리의 판단이 사전에 주어진 기준을 중심으로 크게 벗어나지 못하는 경향을 '정박 효과anchoring effect'라고 부른다.

정박 효과는 일찍이 1974년에 인지심리학자인 트버스키Amos Tversky와 카너먼Daniel Kahneman 교수가 실험 연구를[2] 통해 밝힌 바 있다. 당시 실험에서는 참가자들을 두 집단으로 나눠, 유엔에 가입한 회원국 중 아프리카 지역의 회원국 비율을 묻는 질문에 답하게 했다. 이때 두 집단 사이에 정박 조건을 다르게 두었는데, 한 집단에는 아프리카 지역 회원국의 비율이 10%보다 높은지 낮은지를, 나머지 집단에는 65%보다 높은지 낮은지를 판단하게 했다. 이처럼 낮은 정박 조건과 높은 정박 조건을 제시한 뒤에, 자신이 생각하는 최종 추정치를 보고하게 한 것이다. 낮은 정박 조건의 참가자들은 평균적으로 아프리카 지역의 유엔 회원국 비율을 25%로 판단했지만, 높은 정박 조건의 참가자들은 약 45%로 판단했다. 처음에 어떤 기준을 제시하느냐에 따라 무작위로 할당된 두 집단 사이의 결괏값에서 무려 20%의 추정 차이가 나타난 것이다.

에펠탑의 높이나 아프리카 지역의 유엔 회원국 개수를 추정하는 경우 사람들이 잘 모르는 분야라서 질문에서 제시하는 기준에 쉽게 영향을 받게 되는 것이 아니냐고 반문할지 모른다. 그렇다면 다음 연구를 살펴보자.

2001년 독일의 심리학자 엥글리히Birte Englich와 무스바일러Thomas Mussweiler가 수행한 연구는 15년 이상의 경력이 있는 고등법원 판사들이 형량을 판단할 때도 기준에 의해 영향을 받음을 보여 준다.[3] 실험에 참여한 판사들에게 동일한 성폭행 사건 자료를 검토하게 한 후, 검사 역할을 맡은 컴퓨터과학 전공 대학생이 피고에게 구형한 형량을 알려 줬다. 이때 한 집단의 판사들에게는 검사 역할을 한 대학생이 피고에게 34개월을 구형했다고 알려 줬고(높은 정박 조건), 다른 집단의 판사들에게는 12개월을 구형했다고 알려 줬다(낮은 정박 조건). 그러고 나서, 각 조건에 할당된 판사들에게 '대학생 검사'의 구형량이 지나친지 아닌지 여부를 판단하게 하고, 본인이 담당 판사라면 어떻게 형량 선고를 할지 물었다. 결과적으로 34개월 구형 조건에서의 판사들은 평균 36개월을 선고했고 12개월 구형 조건에서의 판사들은 평균 28개월을 선고한 것으로 나타났다. 두 집단 간에 무려 8개월의 형량 차이가 난 것이다.

마찬가지로 실제 법정에서도 검사의 구형은 해당 사건에 대한 중요한 정보가 된다. 검사 역시 법 전문가로서 이들의 구형은 판사의 판단에도 중요한 기준이 되는 것이다. 하지만 이 실험 연구에서 흥미로운 사실은 검사 역할을 맡은 대학생이 법에 대해 거의 알지 못한다는 것이다. 실험에 참여한 판사들 역시 '대학생 검사'에 대해 알고 있었고, 더욱이 판사들은 대학생 검사가 구형한 형량이 자신의 형량 판단에 전혀 영향을 주지 않았다고 생각했다는 점이다. 즉, 임의의 구형 기준에 판사 본인은 영향을 받지 않았다고 생각하지만, 실험 결과는 임의의 기준조차 전문가의 전문 분야 판단에 영향을 주고 있음을 여실히 보여 주었다.

일상생활뿐만 아니라 사회, 경제, 정치, 교육 등 인간의 판단이 관여하는 대부분 분야에서 이러한 정박 효과는 언제든 일어날 수 있다. 갑작스럽게 친구에게 전화가 와 30분 후에 만나자고 한다면, 기껏해야 40분 이후 정도로 약속 시각을 조정하게 된다. 그리고 원래 하려고 계획한 일들, 가령 강아지 물을 주고 택배를 옮겨 놓는 일 등을 고려하지 못해 허둥대다가 정작 약속 시각에까지 늦었던 경험이 있을 것이다. 우리가 백화점에서 쇼핑할 때에도 이러한 정박 효과를 경험하게 된다. 점원이 처음에 아주 비싼 상품을 먼저 보여 줬다면, 애초에 사려고 했던 가격보다 더 비싼 상품을 구매해 백화점을 나오게 될지도 모른다. 이는 점원이 보여 준 높은 가격의 기준 때문이다. 협상 과정에서도 마찬가지이다. 최종 조정된 안이 결정되기까지 어떤 기준을 처음에 제시했느냐가 중요한 역할을 한다. 금융 투자나 심지어 군사적 판단에도 정박 효과는 폭넓게 작용한다.

2017년에 독일 쾰른대의 심리학자 라머스Joris Lammers와 부르그너Pascal Burgner는 에펠탑의 객관적 높이 판단뿐 아니라 과제에 대한 주관적 판단, 임금 협상 판단 등 다양한 의사 결정에서 정박 효과가 나타나며, 특히 권력power이 정박 효과를 배가시키고 있음을 일련의 실험을 통해 밝히고 있다.[4] 다양한 판단 상황에서 권력이 있다고 느끼는 사람일수록 높은 정박 조건과 낮은 정박 조건 간 차이가 더 크게 나타난 것이다. 즉, 권력이 있는 사람이 그렇지 않은 사람에 비해 주어진 기준의 영향을 많이 받고 조절을 잘 하지 않는 것으로 드러났다. 이러한 이유는 권력을 가진 사람들이 그렇지 않은 사람들에 비해 자신이 가진 생각이 맞는 것인지 혹은 틀린 것인지를 제대로 검증하지 않으려 하기 때문이다. 또 어떤 정보든 당장 확인된 것만으로 쉽게 생각하는 경향이 나타났다. 이러한 경향은 많은 심리학 연구에서 이미 보고된 바 있다. 상대적으로 지위가 낮고 권력이 없다고 느끼는 사람일수록 주어진 정보와 일치하지 않는 정보에 좀 더 신경을 쓰고 주의를 기울였다. 이것이 정치 지도자, 재계의 총수, 조직의 리더가 자신과 다른 의견에 더욱 귀 기울여야 하는 이유이기도 하다.

이제 다시 처음 이야기로 돌아가 살펴보자. 앞서 에펠탑의 높이를 추정하는 실험에서 주어진 기준에 영향을 받는 '정박 효과의 오류'를 확인했다. 여기서 에펠탑의 높이에 대해 결괏값을 추정하는 구간을 설정하고, 그 구간 안에 실제 에펠탑의 높이가 있을 확률이 98%가 되어야 한다는 질문을 추가로 전한 바 있다. 이를 '신뢰 구간'이라고 부른다. 만약 에펠탑의 높이를 최소 50m에서 최대 250m라고 생각했다면, 여러분의 판단은 틀린 것이다. 신뢰 구간이 98%라면 98%의 응답자가 실제 에펠탑의 높이 범위를 맞혔어야 한다. 하지만 이 책을 읽는 여러분 중에서도 반 이상은 틀린 수치를 말했으리라 생각한다. 실제로 강의에 참가한 학생들도 반

수 이상은 잘못된 구간을 설정했다.

가령 2015년 인도네시아의 총인구 수는 최소 몇 명에서 최대 몇 명인지를 묻는 질문과 같이 특별한 기준을 주지 않는 일반적 판단 문제를 생각해 보자. 마찬가지로 신뢰 구간의 범위가 98%에 이르도록 대답해 보라고 할 때, 실험 참가자 중의 약 40%가 잘못된 판단을 하고 있음을 인지심리학자들은 발견했다. 우리는 잘 알지 못하는 것에 대해서도 자신의 판단이 옳다는 과도한 확신을 한다는 것을 확인했다.

일반적으로 우리는 자신의 생각이 틀릴 수 있다는 것에 대해 잘 받아들이지 못한다. 자신이 가진 신념에 지나치게 의존하고, 자신의 신념을 지지하는 증거는 받아들이지만 그렇지 않은 증거를 무시하거나 예외적인 것으로 치부해 버리기도 한다. 더욱이 높은 지위에 있고 권력을 가진 사람일수록 자신의 판단을 지나치게 확신하게 된다. 미국을 비롯한 세계 각국에서 정치 지도자와 상·하원 의원들이 성 추문이나 부적절한 행동으로 문제를 일으킨 사건은 부지기수이다. 우리나라도 이런 상황에서 예외가 아님을 이미 뉴스에 소개된 다양한 사건을 통해 접해 왔다. 이런 일이 왜 일어나는 것일까? 적어도 부분적으로는 자신들의 은밀한 사생활이 들통나지 않을 것이라는 지나친 자신감이 개입되었을 가능성이 있다. 더욱이 지위가 높고 주변에 자신의 생각에 도전하는 사람이 없다면 지나친 자신감이 더해져 다른 사람의 생각도 자신과 같으리라는 착각에 빠지게 된다. 사적인 문제 외에도 정책적 판단을 내려야 할 때, 자신이 생각하는 근거나 자료가 매우 정확하다는 과신으로 이어지기도 한다. 하지만 우리는 이미 너무나도 많은 실패(가령, 정부의 주택이나 물가 안정 정책들)를 목격했고, 여전히 확신에 찬 정치가들의 이야기를 듣고 있다. 자신이나 혹은 자신이 속한 집단이 다른 사람이나 혹은 다른 집단과 대립하는 상황에서는 더욱 자신이나 자신이 속한 집단의 생각이 맞다는 확신을 하게 되는데, 펜실베이니아대 심리학과의 조나단 바론Jonathan Baron 교수는[5] 이를 내편 편향my-side bias이라고 이름 붙였다. 여당과 야당이 대립할 때 정치인들은 내편 편향에 빠지게 되고 이것은 더욱 대립과 갈등을 심화시킨다. 우리 당의 입장이 옳다는 과도한 자신감은 상대 당의 입장이 적어도 부분적으로는 옳을 수 있다는 생각조차 할 수 없게 만들기도 한다.

1992년 캘리포니아대의 필립 테트록Philip Tetlock 교수는 미국의 고위 정부 관리, 정치 외교 분야의 교수와 대중매체의 이름난 전문가에게 앞으로 10년 안에 한반도나 중국, 중동 지역 등 세계에서 일어날 사건들을 예측해 달라고 요청했다.[6] 하지만 놀랍게도 이들의 예측 정확성은 매우 낮았으며, 더욱 흥미로운 점은 확신에 찬 예측일수록 그 정확도가 더욱 떨어졌다. 우리의 경우라고 크게 다를까? 확신에 찬 정치가들의 주장이 미덥지 않은 이유는 무엇인지 과거의 자료들은 이미 답을 하고 있다.

물론 자신감 그 자체는 나쁘다고 할 수 없다. 진화적인 관점에서 자신감은 분명 적응적 가치를 지니고 있으며 긍정적 효과를 일으킨다. 같은 난도의 과제를 수행할 때에도 자신감이 있을 때 더 잘한다. 일반적인 정신 건강 차원은 물론이며, 스포츠 경기를 치를 때나 사업을 추진할 때에도, 심지어 전쟁에 임할 때에도 자신감은 승패의 주요 요소로 작용하며 여러 모로 도움이 된다. 그 이유는 자신감이 성취동기와 사기를 높여 주면서 더 끈기 있게 지속적으로 일하게 만들기 때문이다. 과장된 표현이라 할지라도 사람들에게 신뢰감을 주는 것은 자신감 덕분이다. 선거에서도 자신감을 드러내는 후보가 이길 확률이 높다. 그러나 정치 지도자가 대다수 국민에게 영향을 주는 중요한 사안을 판단할 때 지나친 자신감은 이득보다 손실이 클 수 있음을 간과해서는 안 된다. 우리가 이미 겪은 국가 재정 붕괴와 수많은 정책 실패, 커다란 인재와 전쟁도 이러한 막대한 손실에 해당하기 때문이다.

지금까지 언급한 정박 효과나 지나친 확신 경향, 내편 편향, 그리고 지위나 권력이 높아지면서 나타나는 판단의 변화는 인간에게 보편적으로 나타나는 인지적 특성이다.

다행인 것은 오늘날 인간의 마음과 행동에 대한 과학적 연구들이 축적되면서 우리 스스로를 객관적으로 조망하고 이해할 수 있게 되었다는 점이다. 무게를 재는 저울이 처음부터 영점에서 벗어나 마이너스 혹은 플러스로 되어 있는지를 아는 것은 중요하다.

마찬가지로 인간이 지닌 보편적 인지 편향에 대해 아는 것만으로도 편향의 오류로부터 조금은 벗어날 수 있다. 판단하는 주체가 인간이라는 사실은 판단의 대상 정보가 그 인간에게 어떤 방식으로 선택되고 저장되고 해석되느냐에 달려 있음을 의미한다. 따라서 인간이 어떻게 외부 정보를 처리하는지에 대한 깊이 있는 과학적 연구(인지심리학자들이 하는 연구)와 더불어, 이러한 지식을 널리 보급하는 것이 필요하다.

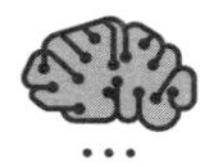

판단의 치명적 오류

세상은 수많은 신호signal로 둘러싸여 있다. 건널목 신호등부터 전화가 왔을 때 울리는 신호음, 몸에서 느껴지는 이상 신호, 연인과 나누는 친밀감의 신호, 직장 상사가 보내는 경고 신호, 금융 시장과 시장 경제에서 보내는 다양한 신호들……. 우리는 신호를 탐지하기 위해 오늘도 주의를 기울이며 분주히 살아간다.

우리가 매 순간 경험하는 상황은 신호가 있거나 혹은 없거나, 이 둘 중의 하나로 보아도 무방하다. 그리고 신호 유무에 대한 우리의 최종 판단 역시 '있다' 혹은 '없다' 중의 하나가 될 것이다. 이때 '모른다'거나 '판단 유보'는 제외하고 말이다. 실제 우리가 사는 세상에서 신호는 뚜렷하게 나타날 수도 있고 약하거나 혹은 주변에서 방해를 일으키는 자극들(이때 방해 자극을 노이즈라고 한다)에 의해 신호 유무의 판단이 어려울 수도 있다.

심리 실험에서 참가자로 하여금 시작 소리가 들리고 난 후 컴퓨터 모니터에 빨간 동그라미가 나오면 '있다' 하고 대답하고 나오지 않으면 '없다' 하고 대답하는 시각 실험에 대해 소개하려고 한다. 빨간 동그라미를 발견하는 시각적 자극, 즉 신호가 있을 때 '있다'고 대답하고 없을 때 '없다'고 대답하면 되는 간단한 실험이다. 신호 탐지에서는 전자를 적중hit이라고 부르고 후자를 정기각正棄却, correct rejection이라고 부른다.

빨간 동그라미가 빈 화면 중앙에 선명하게 제시되었을 때, 정상적인 시력을 가진 참가자의 경우에 틀릴 이유가 없다. 그런데 만일 빨간 동그라미의 크기가 매우 작고, 화면에 마치 안개나 모래가 흩뿌려져 있는 것처럼 노이즈가 많고 제시 시간도 매우 짧다면 틀린 대답은 늘어날 수밖에 없다.

여기서 틀린 대답을 오류라고 지칭할 수 있다. 오류는 다시 두 가지 종류로 나뉜다. 빨간 동그라미가 제시되지 않았는데도 '있다'라고 하거나 제시되었는데도 '없다'라고 대답하는 경우이다. 즉, 신호 탐지에서 나타날 수 있는 두 가지 오류는 신호가 없는데 있다고 하는 오경보false alarm와 신호가 있는데 없다고 하는 누락miss이 있는데, 이들을 각각 일종 오류type 1 error와 이종 오류type 2 error라고 부르기도 한다.

이때 오경보든 누락이든 오류라면 피하는 것이 가장 좋겠지만,

•— **신호 탐지 이론: 4가지 출력**

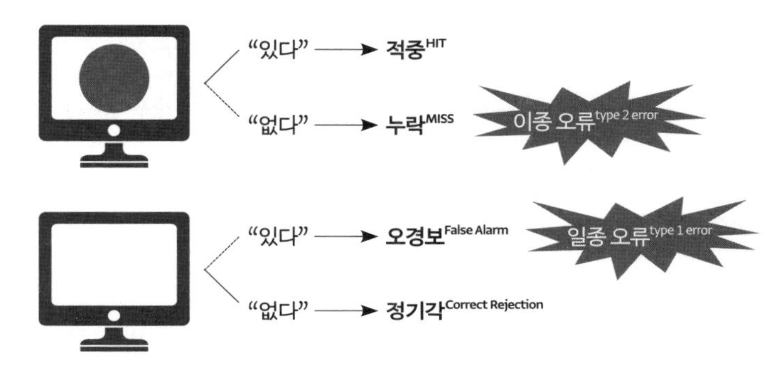

이 중 하나를 피하려고 하면 다른 하나가 늘어나는 속성이 있다. 그렇다면 두 가지 오류 중 반드시 피해야 하는 오류 하나를 선택해야 하는 상황이라면 어떤 오류를 피하는 것이 나을까?

가령, 적군의 전투기의 출현을 감시하는 공군 레이더 탐지 병사의 경우를 생각해 보자. 적기는 이 병사에게 매우 중요한 신호이고, 이 신호가 나타난다면 경보 단추를 눌러 아군의 전투기도 서둘러 이륙을 해야 한다. 하지만 레이더 화면에는 적기의 신호만 나타나는 것이 아니라 여러 방해 신호, 즉 노이즈가 있기 마련이다. 민간 항공기나 날아가는 철새 떼 등 여러 노이즈가 나타나고, 레이더 탐지 병사는 이런 노이즈로부터 신호를 구분해 내야 한다. 만일 이를 구분하지 못하면 두 가지 오류가 발생한다. 적기가 나타나지 않았는데 단추를 누르는 오경보와 적기가 나타났는데 단추를 누르지 않는 누락 오류이다. 어떤 오류를 피하는 것이 더 중요할까? 다시 말해서 어떤 오류를 범하는 것이 더 치명적일까? 물론 내가 군사전문가는 아니지만, 적기를 탐지하지 못해서 일어나는 손실은 상상 이상일 것이다. 즉 레이더 탐지의 경우에서는 오경보 오류보다 누락 오류를 피하는 것이 더 중요한 것이다.

만일 레이더 탐지 병사가 노이즈를 신호로 착각하여 오경보를 했다고 하자. 아군의 전투기도 비상이 걸려 출격하는 등 소동이 일어날 수 있다. 그 책임을 물어 그 병사에게 심한 처벌이 내려졌다면 어떻게 될까? 앞으로 레이더 병사들은 오경보를 피하려고 단추를 누르는 판단을 매우 신중하게 할 것이고 그에 따라 오경보 오류는 줄어들 것이다. 하지만 그와 동시에 적기가 정말 나타났을 때 누락하는 오류는 증가하게 되어 있다. 즉, 오경보 오류가 줄어드는 대신 누락 오류는 증가하는 것이다. 따라서 오경보에 대해 심한 처벌을 하는 지휘관은 자신이 누락 오류를 증가시키고 있다는 점을 깨달아야 한다.

비슷한 사례를 하나 더 살펴보자. 환자의 몸에 종양이 있는지 CT나 MRI를 촬영해 검사하는 상황을 생각해 보자. 의사는 영상 속에 신호(종양)를 탐지하기 위해 주의를 기울인다. 종양이 있을 때 그것을 발견하거나 혹은 없을 때 없다고 하면 아무 문제가 없다. 하지만 종양이 없는데 있다고 판단하거나(오경보) 혹은 실제로 있는데도 없다고 판단하는(누락) 오류는 언제든 일어날 수 있다. 의사나 환자 입장에서는 어떤 오류를 피하는 것이 더 중요한

가? 당연히 종양이 있는데도 없다고 판단하여 치료 시기를 놓치는 것이 더욱 치명적인 오류이다. 따라서 의사는 누락의 오류를 피하기 위해 의심의 여지가 있다면 다른 추가 검사를 진행한다. 만일 오경보에 대해 지나친 책임을 묻는다면 의사들의 판단 기준은 점점 더 누락의 오류를 증가시키는 방향으로 이동할 것이다. 가령 우리가 겪은 팬데믹 상황을 되돌아볼 때, 신종 코로나 바이러스 감염증(이하 코로나-19) 환자를 공항에서 반드시 탐지하고자, 코로나-19에 노출되었을 가능성이 낮은 사람들까지도 모두 검사받아야만 했다. 즉, 누락의 오류를 줄이려는 노력 때문에 다른 수고가 생기는 위와 유사한 사례이다.

이제 다른 상황을 생각해 보자. 판사는 죄(신호) 있는 사람에게 유죄, 죄 없는 사람에게 무죄 판결을 내려야 한다. 하지만 죄 없는 사람에게 유죄라고 하거나(오경보 오류) 죄 있는 사람에게 무죄 판결(누락 오류)을 내릴 수 있다. 당연히 두 가지 오류 모두 없으면 좋겠지만, 이런 오류는 언제든 일어날 수 있다. 독자들은 어떤 오류를 줄이는 것이 더 중요하다고 생각하는가? 시대에 따라, 상황에 따라 판단 기준과 가치가 변하기도 하지만, 오늘날 여러 국가는 다수의 범죄자를 놓치더라도 무고한 사람이 처벌받는 일은 없어야 함을 강조한다. 즉, 누락 오류보다는 오경보 오류를 범하는 것이 더 치명적이라고 판단하는 것이다. 한 사람이라도 무고한 사람이 처벌받는 일을 피하려는 노력은 다른 한편으로 누락 오류를 증가시킬 수밖에 없음을 이해하는 것이 중요하다.

신호와 노이즈가 상존하는 세상에서 우리는 끊임없이 신호를 탐지하기 위해 움직이고 판단을 내린다. 그리고 그 판단이 늘 맞는 건 아니다. 신호를 탐지하는 일은 인간이 하는 일이고 따라서 주의를 비롯한 인간의 인지 과정이 관여한다. 인지심리학자들은 이러한 인간의 신호 탐지에 영향을 주는 요인들을 연구해 왔다.

오경보 오류와 누락 오류 중 어떤 오류를 줄이는 것이 더 중요하냐에 따라 판단 기준은 달라질 수 있다. 신호를 탐지하는 것이 중요한 상황이라면 신호나 혹은 신호 비슷한 것에 대해서도 '있다'고 판단하게 되고, 그에 따라 적중률도 높아지지만, 오경보도 함께 증가할 수 있다. 즉, '진보적' 판단에는 신호에 대한 적중이 증가하면서 오경보도 함께 증가한다는 것을 이해하는 것이 중요하다. 반면에 뚜렷한 신호에 대해서만 '있다'고 하는 '보수적' 판단은 오경보를 많이 감소시킬 수 있다. 하지만 누락 오류의 증가는 감내해야만 한다.

일반적으로 과학적 연구에서는 보수적 판단을 하고자 한다. 적어도 과학적 발견에 있어서는 누락 오류를 범하더라도, 오경보 오류를 피하는 것이 더 중요하다고 많은 과학자는 생각한다. 그 이유 중의 하나는 어차피 호기심 많은 과학자의 연구는 계속되고 누락된 것은 언제든 다시 발견될 수 있지만, 오경보를 통해 없는 신호를 있다고 하면 잘못된 연구 결과를 바탕으로 잘못된 후속 연구나 조치들이 양산될 수 있기 때문이다. 하지만 시급한 사안을 다루는 일이라면 어떨까. 코로나-19 치료제 개발 등과 관련된 연구의 경우 조금이라도 효과가 있는 신호의 발견이 중요하다면 오경보의 오류를 감내하더라도 연구 결과가 발표될 수 있다.

신호는 단순한 불빛이나 신호음일 수도 있고, 어떤 정보나 정보들의 복합체일 수도 있다. 감각적 신호를 탐지하는 것은 실제로 신호의 강도가 주변의 노이즈로부터 얼마나 뚜렷하게 구분되는지도 중요하지만, 그 신호가 얼마나 빈번하게 발생하는지도 영향을 준다. 공항 검색대 엑스레이 영상에서 가방 속에 총기류가 있다면 반드시 탐지해야 하지만, 이런 일이 일 년에 한두 번 발생할까 말까 한다면 이 신호(총기 영상)를 탐지하는 일은 더 어려워진다. 또한 여러 총기류의 모양이 다양해 한두 개의 정해진 신호가 아닐 때는 더욱 탐지가 어렵다. 미국에서 유방 조형술로 암이 발견되는 확률은 약 0.5%로 알려졌고, 영상의학과에서는 희귀한 암 징후가 그보다도 더 낮은 확률로 발견되는 것으로 보고된다. 이처럼 극도의 낮은 확률로 발생하는 신호는 설령 그 신호가 나타났을 때라도 그것을 정확하게 탐지하는 비율 역시 떨어진다.

조지워싱턴대 심리학과의 스티븐 미트로프Stephen Mitroff 교수와 그의 동료들은 공항 검색대나 병원 영상의학과처럼 위험 물체나 암의 징후를 탐지하는 것이 매우 중요한 상황에서 신호를 놓치는 요인들을 연구했는데, 앞서 언급한 것처럼 신호들이 나타나는 빈

도뿐 아니라 찾아야 하는 신호가 여러 개일 때나 모호함 정도가 높을 때 신호 탐지의 정확도가 떨어지는 것을 발견했다.[7] 더 나아가 시각적 탐색은 탐지자의 성격 특성과도 관련이 있는데, 성격 검사에서 성실성conscientiousness 척도와 특히 관련이 높은 것으로 나타났다.[8]

이러한 발견을 실생활에 응용해 개선하는 방법은 무엇일까? 매우 드물게 나타나는 신호를 탐지하는 일에 적합한 자질을 갖춘 사람을 선발하는 일부터, 업무 환경에서 드물게 나타나는 신호의 빈도를 의도적으로 증가시키는 방법(가방에 총기 모형을 넣어 공항 검색대를 통과하는지를 주기적으로 점검함), 특정한 신호만을 탐색하도록 분업시키는 방법(어떤 사람은 마약만을, 어떤 사람은 총기류만을 검색하게 함) 등을 생각할 수 있다.

나는 최근 특정한 신호의 빈도 변화가 그 신호의 유무를 판단하는 기준에 변화를 가져오는지 연구한 바 있다.[9] 그리고 신호의 빈도 변화는 같은 참가자의 판단 기준을 변화시키고 있음을 발견했다. 이러한 연구 결과 역시 상황의 변화에 따라 개인의 판단이 언제든 변화될 수 있음을 의미하는 것으로, 인간의 판단을 단지 그 사람의 의지나 의도만으로 유지하는 것이 얼마나 어려운 것인지를 보여 주는 증거라고 할 수 있다.

대중을 상대로 하는 정치인이나 미디어가 보이는 행태는 어떠한가? 몇 년 전 도널드 트럼프 미국 전 대통령이 코로나-19 치료제로 아직 제대로 검증되지 않은 약품이나 위험한 소독제를 언급하는 일이나, 몇몇 언론과 정치인들이 김정은 북한 국무위원장 신상과 관련해 검증되지 않은 뉴스를 내보내는 것은 오경보를 통해 관심의 대상이 되고자 하기 때문이다. 어디 그뿐인가? 지금도 유튜브 채널에서는 인기 연예인을 대상으로 사망설과 이혼설 등 자극적인 머리기사로 도배한 가짜 뉴스를 퍼트리는 일이 비일비재하다. 또 인공지능을 기반으로 한 이미지 합성 기술, 딥페이크 deepfake를 통해 유명인의 사진이나 영상이 자극적인 콘텐츠를 담아 등장하기도 한다. 정치인 역시 자기가 속한 정당의 이익과 상대 정당을 공격하기 위해 가짜 뉴스를 퍼트리는 일을 마다하지 않는다. 대중은 보수적으로 누락하는 오류에는 둔감하고 끊임없이 새로운 신호를 알리는 (그래서 오경보도 함께 증가하는) 대중매체와 정치인에게 주목한다. 어떤 신호, 혹은 신호 비슷한 것이라도 먼저 얘기하면 주목받고, 틀려도(오경보) 크게 책임지지 않는 일들은 우리 주변에 비일비재하다. 현명한 독자라면 적중하는 빈도와 오경보 빈도를 함께 보는 것이 중요하다는 것을 알 것이다. 아무리 적중률이 높아도 오경보 비율 역시 높다면 그저 주목받는 것에만 열중하는, 신뢰하기 어려운 경우라고 할 수 있다. 최근 팩트체크 factcheck를 확대하는 노력은 그런 면에서 중요한 의미를 지닌다.

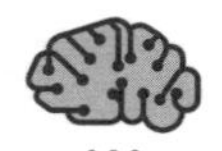

억압된 기억, 유도된 기억, 조작된 기억

휴대폰이나 스마트폰이 없던 시절, 사람들은 자주 연락하는 지인과 친지의 전화번호를 어렵지 않게 외웠다. 하지만 요즘은 전화번호를 외우는 사람이 거의 없다. 분신과도 같은 스마트폰이 내 대신 필요한 정보를 저장하고 있어서 언제든 저장된 정보를 불러서 사용하기만 하면 되기 때문이다.

혹자는 문명의 이기가 주는 편리함 때문에 인간의 전반적인 인지 능력이 떨어졌다는 우려를 나타내기도 한다. 하지만 이것은 기우에 지나지 않는다. 한쪽을 누르면 다른 쪽이 나오는 풍선처럼, 전화번호를 외우지 않아도 된다면 다른 것들을 기억하는데 우리의 뇌가 사용되기 때문이다. 스마트폰이 없던 시절 전화번호를 외웠던 기억 능력은 이제 스마트폰을 사용하는 방법을 기억하는 데

쓰고 있다(스마트폰을 처음 사용할 때 사용법을 몰랐던 자신을 한번 상기해 보라). 결국 우리의 기억 시스템은 과거 인류와 거의 차이가 없다고 보는 것이 맞을 것이다.

나이가 들면서 우리의 의식적 기억 능력이 떨어지는 것은 자연스러운 일이다. 하지만 나이와 상관없이 우리의 기억은 듣고 보고 경험한 것 그대로를 온전히 저장하지 않는다. 어떤 방식으로든 변형하여 저장하는 특성이 있다. 그 기억의 특성을 확인하는 간단한 실험을 해 보고자 한다. 실험에 앞서 몇 가지 단어를 제시하겠다. 단어 목록을 하나씩 하나씩 천천히 읽어 보자.

해수욕장, 모래, 잠수, 원양, 수영, 파도

바람, 어선, 물결, 해군, 어부, 해양

이제 이들 단어를 다시 보지 말고, 현재 기억에만 의존해서 다음의 활동을 해야 한다. 그래야 제대로 된 기억 실험을 할 수 있다. 다음 페이지에서 몇 개의 단어를 다시 보여 주려고 한다. 이때 제시하는 단어 가운데에서 앞서 보았다고 확신할 수 있는 단어를 모두 골라 보길 바란다. 단어에 동그라미를 그려 표시해 보아도 좋겠다.

• 바람

• 모래

• 바다

• 수영

이제 정답을 확인해 보자. 여러분이 앞서 보았다고 확신하고, 동그라미 친 단어가 처음에 읽었던 단어 목록 중에 있는가?

여기서 '바람', '모래', '수영'은 앞서 목록에 있는 단어이다. 이들 단어를 모두 골랐다면 그 사람의 기억은 매우 정확한 셈이다. 하지만 여러분 중에서 누군가는 '바다'를 보았다고 확신했을지도 모른다. 수업 시간에 학생들에게 같은 질문을 해 보면, 대부분 한두 개의 정답을 맞힐 뿐이다. 이때 적지 않은 수의 학생이 목록에 없는 '바다'를 고른다. 더욱 흥미로운 점은 자신의 기억에 대해 확신하는지 추가로 물었을 때에도 전체 학생 중 10%에 이르는 수가 '바다'라는 단어를 분명히 보았다고 확신한다는 것이다. 어떤 학생은 제시된 4개의 단어 중에서도 '바다'라는 단어가 가장 확실하다고 대답하기도 한다.

그렇다면 왜 '바다'라는 단어를 마치 정말 본 것처럼 기억할까? 이미 눈치챘겠지만, 앞서 제시한 단어들은 모두 바다와 관련이 있다. 이 단어들이 바다를 암시해 목록에 없던 '바다'라는 단어가 잘못 기억된 것이다. 이처럼 어떤 암시나 맥락을 통해 실제 일어나지 않은 일을 일어난 것으로 잘못 기억하는 것이 오기억誤記憶, False memory이다. 이를 '허위 기억'이라고 부르기도 한다.

우리의 기억은, 들은 것과 본 것을 그대로 저장했다가 재생하는 녹음기나 카메라가 아니다. 외부 정보들이 감각기관에 입력되는 순간부터 우리의 기억은 보고 싶거나 듣고 싶은 것을 선택하고, 변형하고, 압축하거나 정교화하기도 한다. 정보들이 저장(기억)된 이후에도 새로운 정보들에 의해 저장된 정보가 다른 정보로 바뀌거나 혹은 심지어 없던 것이 새로 생기기도 한다. '바다'라는 단어를 본 적이 없는 사람이 보았다고 확신하는 것처럼, 우리 중에 누군가는 자신이 하지 않은 일을 했다고 하거나 자신이 한 것과 다르게 기억할 수도 있다. 이런 오기억은 자신의 일화로 구성된 자서전적 기억Autobiographical memory에서 주로 나타나는데, 자신의 과거를 회상하면서 자신을 미화시키거나 혹은 자신이 피해를 감내했다고 잘못 기억할 수도 있다.

만일 당신이 어떤 범죄 현장에 있었고, 물리적 증거가 전혀 없는 상황에서 누군가 당신을 범인으로 확신하여 지목되는 상황에 닥친다면 어떨까. 물론 당신은 범죄 현장에 있었을 뿐이며 범인이 아니다. 판사나 배심원들이 확신에 찬 목격자의 증언을 믿게 되면 어떻게 될까. 실제로 미국에서는 목격자가 유일한 증거인 사건이 한 해에 수만 건이고, 이 중 5~10%에 해당하는 수천 건의 사건에서 목격자가 실제와 다른 잘못된 증언을 하는 것으로 드러났다.

우리나라에서도 목격자의 증언을 듣고 유죄를 선고했다가 나중에 실제 범인이 잡히는 일이 일어나고 있다.

실제로 과거에 일어났던 방화에 의한 살인 사건에서 유일한 목격자가 유치원생 나이의 어린이였다. 아이는 방화를 저지른 범인으로 동네 가게 아저씨라고 지목했다. 목격자인 아이의 증언 이외에 다른 물리적인 증거가 없는 상황에서, 사건의 진실을 파헤치기 위해 아동 정신과 전문의에게 목격자인 아이가 거짓말을 하는지 물었다. 전문의는 아이가 거짓말할 이유도 없고 거짓말하는 행동 단서들도 보이지 않기 때문에 아이의 말은 신빙성이 있다고 대답했다.

하지만 앞서 진행한 기억 실험에서도 '바다'라는 단어를 분명히 보았다고 말하는 학생들이 거짓말을 한 게 아닌 것처럼, 목격자가 단순히 거짓말하지 않았다는 것과 사건의 진실을 확인하는 것은 별개의 문제로 다루어야 한다. 거짓말이 아니어도 그 기억에 허위 정보가 개입되었을 가능성을 살피는 게 중요한 것이다.

1998년 〈응용심리학회지Journal of Applied Psychology〉에 실린 한 논문에서[10] 실제 범죄 수사와 관련된 녹취록이 소개되었다. 그 내용은 다음과 같다. 당시 사건 현장에 있었던 목격자에게 반투명 창을 통해 다른 방에 서 있는 3명의 혐의자를 보여 주면서 누가 범인인지 물었다. 이때 목격자의 진술은 "아, 이거 참…… 잘 모르겠습니다. 저 두 사람 중 하나인지…… 잘 모르겠어요. 아이고……

저 두 번째 사람보다 키가 조금 더 컸던 것 같은데, 아무튼 모르겠네요"였다. 30분이 지난 후에도 여전히 목격자는 나란히 서 있는 사람들을 바라보면서 판단하는 데 어려움을 겪고 있었고, 이때 목격자가 "잘 모르겠는데…… 두 번째 사람인가?" 하고 말하자, 옆에 있던 경찰관이 "좋습니다(OK!)" 하고 대답했다.

몇 달 후 법정에서 증인으로 선 목격자의 태도는 확연히 달라졌다. 재판관이 "증인, 두 번째 사람이 정말 맞습니까? 그냥 추측 아닌가요?" 하고 물었다. 목격자는 그 질문에 대답했다. "추측이 절대 아닙니다. 저 사람이 확실합니다."

앞선 녹취록이 없었다면 판사와 배심원들은 확신에 찬 목격자의 증언을 그대로 믿었을지도 모른다. 도대체 목격자의 기억이 바뀐 이유는 무엇일까? 논문에서는 당시 녹취록에서 경찰관이 한 '좋습니다'라는 대답에 주목한다. 그러니까 경찰관의 반응이 목격자의 기억을 변화시켰을 가능성이 크다고 본 것이다.

그리고 이 내용을 후속 실험을 통해 검증했다. 우리의 기억은 순간순간 자신도 모르게 바뀔 수 있다. 똑같은 자동차 사고를 목격한 상황이라도, "자동차가 부딪친 것을 보았지요?" 하고 물어보았을 때보다 "자동차가 꽝 하고 부딪힌 것을 보았지요?" 하고 물으면 자동차가 부딪친 정도를 실제보다 좀 더 강하게 기억하게 된다. 이처럼 단어 하나로도 우리의 기억은 쉽게 바뀔 수 있다.

앞에서 이야기한 방화 사건도 마찬가지이다. 어린아이에게 경찰이 "아저씨가 집에 들어오는 것을 봤지? 그 아저씨가 불을 질렀지?" 하고 물었을 때, 이 아이에게 '아저씨'가 자신이 자주 가는 동네 가게의 아저씨였다면, 아이의 기억에서는 얼마든지 범인의 모습을 동네 가게의 아저씨로 바꾸어 저장할 수 있다.

우리가 무엇인가를 기억한다고 말하는 것은 그 무엇인가가 과거에 실제로 일어났음을 주관적으로 경험한 것에 대한 표현이다. 즉, 기억이라는 것도 일종의 주관적 경험이며 이런 주관적 경험은 지금껏 살펴본 것처럼 언제든지 틀릴 수 있다.

최근 오기억에 관한 연구는 주변 사람들의 잘못된 암시나 오정보에 의해서도 자신과 관련한 기억이 잘못 형성될 수 있음을 보여주고 있다. 어릴 때 놀이동산에서 부모를 잃어버려 고생한 적이 있다는 정보를 부모에게서 듣게 되면, 실제로 그런 일이 없던 사람도 마치 그것을 경험한 사람처럼 그때 자신이 어디에 앉아서 울고 있었고, 누군가가 자신에게 말을 걸었다는 등의 구체적인 오기억 내용을 이야기하기도 한다. 예를 들면 '어릴 때 비행을 저질러 경찰서에 간 적이 있다'는, 자신에게 불리한 오기억 내용도 부모나 가족 등 주변 사람들이 한결같이 그렇다고 이야기하면 자신이 실제로 겪은 일로 잘못 기억될 수 있다고 2015년 쇼Julia Shaw와 포터Stephen Porter의 연구에서[11] 실증적으로 밝혀진 바 있다.

자신에게 있는 오기억을 되돌릴 방법은 없을까? 독일과 영국의 심리학자들이 2021년 〈미국국립과학원회보PNAS〉에 발표한 논문에[12] 따르면, 자신이 기억하는 내용이 어디에서 왔는지 그 출처를 생각하고 오기억이 오정보에 의해 얼마든지 발생할 수 있음을 깨닫게 하는 것이 오기억을 줄이는 데 도움이 된다고 한다. 예를 들어 나의 기억이 단순히 가족이나 누군가에게서 들은 것인지 아니면 내가 직접 겪은 것인지 출처를 확인하는 과정을 거치는 것이다. 게다가 지금 이 글을 읽고 오기억이 존재할 수 있음을 알게 된 여러분이라면 적어도 오기억의 위험에서 이미 조금은 벗어나게 되었음을 의미한다.

앞에서도 언급한 바 있지만 최근 온라인과 소셜미디어를 통한 오정보와 가짜 뉴스의 확산에 대해 우려하는 목소리가 여기저기서 들려오고 있다. 가짜 뉴스가 왜곡되고 확산하는 양상이 개인 수준에서 일어나는 오기억과 유사한 측면도 있다. 가짜 뉴스가 재확산되는 이유 중 하나는, 비록 그것이 가짜 뉴스라는 것을 알게 되더라도 이전에 기사로 본 적이 있다면 사람들은 그것을 퍼 나르는 것이 윤리적으로 크게 문제가 되지 않으리라 판단하기 때문이다. 이러한 내용은 국제 심리학 학술지 〈심리과학Psychological Science〉에 2020년에 발표된 논문에서도[13] 실증적으로 밝힌 바 있다. 가짜 뉴스도 반복적으로 접하게 되면 사람들은 무의식적으로 그것이 사실처럼 느끼게 되고 그것을 여기저기 전파하는 것에 도덕적 불감증이 생기는 것이다. 그렇다면 범람하는 온라인의 오정보와 가짜 뉴스를 줄일 방법은 무엇이 있을까? 우선은 가짜 뉴스에 반복적으로 노출되지 않도록 사회적 안전장치를 강화해야 하며, 사실 확인(팩트체크) 뉴스나 정보의 중요성을 인식하게 도와야 한다. 학술지 〈네이처Nature〉에 2021년 발표된 논문에 따르면, '정확성'에 선택적 주의와 관심을 돌리는 것이 중요하다고 강조한다.[14] 우리의 기억이 왜곡될 수 있는 것처럼, 정보를 만들고 가공하는 과정에 인간이 관여하고 인간의 심리가 반영됨을 이해하는 것이 무엇보다 중요한 것이다.

02

마음을 속여서 만든 정답

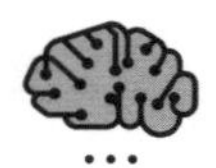

내가 나를 속일 때

거짓말은 사람만이 하는 것일까? 말을 할 수 없는 동물이라면 당연히 거짓'말'은 할 수 없을 것이다. 하지만 누군가를 속이는 행위는 여러 동물에게도 나타난다. 소위 '해서는 안 될 관계'를 알고 있음에도 집단의 우두머리나 배우자 몰래(속임) 짝짓기하는 원숭이나 새들도 많고, 먹이를 얻기 위해 혹은 천적으로부터 피하기 위한 속임은 수많은 동식물에 비일비재하게 나타나는 현상이다. 이런 맥락에서 보자면 인간의 '거짓말' 역시 너무나도 자연스러운 현상 중 하나다.

도덕적으로 혹은 법적으로 잘못된 일을 저지르고도, 나는 그러지 않았다고 거짓말하는 일들을 우리 주변에서 어렵지 않게 찾아볼 수 있다. 자신의 과오를 없던 일로 해 다른 사람을 속이는 것은,

그 과오가 알려져서 법적으로나 도덕적으로 책임을 져야 하는 일을 피할 수 있는 매우 유혹적인 방법으로 보인다.

사실 누군가를 속여서 자기의 이득을 취하게 되는 일은 비일비재하다. 보이스피싱을 비롯해 각종 사기와 부정행위가 지금도 사회 곳곳에서 동시다발적으로 일어나고 있다. 부모님에게 용돈을 더 타 내려고 필요 없는 책을 사야 한다고 거짓말하거나, 늦잠 때문에 하게 된 지각을 피치 못한 사고나 질병 탓으로 돌리는 것은 차라리 애교처럼 느껴진다. 부정 입시, 부정 계약, 탈세를 비롯한 각종 부정부패와 비리 사건을 다룬 뉴스가 끊이지 않는다. 크고 작은 이익 집단은 물론 국가 간에도 자국의 이익을 위한 기만과 거짓은 차고 넘칠 만큼 존재한다.

일반적으로 거짓을 말할 때에는 진실을 말할 때와 다른 신체 반응이 나타난다. 우선 우리 마음을 담당하는 뇌가 사실을 억제하고 없는 사실을 만들어야 하는 추가적인 인지적 부담을 갖게 되고, 거짓이 탄로 날지도 모른다는 정서적 긴장과 압박으로 자신도 모르게 심장 박동이 빨라지거나 얼굴이 붉어지고 침이 마르거나 손에 땀이 나기도 한다. 우리의 자율신경계가 작동하는 것이다.

거짓말 탐지기도 이런 원리에 근거해 만들어졌다. 사실을 말할 때와 거짓을 말할 때 신체에서 일어나는 미세한 변화를 탐지해 내는 것이다. 하지만 거짓말을 하는 모든 사람에게 이런 변화가 일어나는 것은 아니다. 또한, 거짓말의 종류나 그 영향력에 따라, 혹은 거짓말을 하는 상황에 따라 거짓말 탐지가 안 될 수도 있다.[15] 가령 어떤 사람이 같은 거짓말을 반복해 연습하고, 심지어 마음속으로 실제 일어난 것처럼 생생하게 수도 없이 상상한다면 거짓말 탐지기는 무용지물이 될 수 있다. 거짓말에 대한 죄책감을 전혀 느끼지 못하는 사람이라면 거짓말 탐지기를 속이기는 더욱 쉬울 것이다.

사실 인류 역사는 속이려는 자와 속지 않으려는 자의 싸움으로 이어져 왔다고 할 수 있다. 정치가 그렇고 경제와 문화가 그렇다. 기업이나 국가 간 정보 전쟁은 지금도 치열하게 일어나고 있다. 먹잇감에 들키지 않게 접근하는 것은 많은 포식자가 즐겨 사용하는 생존 전략이며, 먹잇감 역시 포식자들을 속이기 위한 다양한 위장 전술을 사용한다. 힘센 우두머리 몰래 짝짓기를 하는 침팬지부터, 일부일처제라고 생각했던 새들조차 최근 유전자 검사를 통해 배우자 몰래 바람을 피우는 것으로 알려졌다.[16] 하지만 이 역시 번식을 위한 전략일 뿐 놀랄 만한 일은 아니다. 결국 우리 인간 역시 생존과 번식을 위해 속이려는 자와 속지 않으려는 자 사이의 전쟁을 계속하고 있다.

대부분 조직이나 사회, 국가에서 거짓말하는 사람은 손가락질을 당하고, 부정직은 주된 악으로 받아들이도록 교육해 왔다. 그 이유는 거짓말이 그 조직이나 사회, 국가가 생존하는 데 해를 끼치고 위협이 되기 때문이다. 배우자에 대한 부정직은 가정을 와해

시킬 수 있다. 자신의 이익을 위해 회사에 거짓 보고를 하거나 기업의 기밀을 빼내는 일은 조직의 다른 구성원들의 생존에 위협이 되는 행위이다. 국가 차원에서도 간첩이나 이적 행위부터 각종 탈세, 위법적 병역 기피, 위장 전입, 문서 위조에 이르기까지, 다양한 거짓에 대해 국민은 민감하게 반응한다.

속이려는 자에 맞서 속지 않고 손해를 보지 않기 위해 사람들은 저마다 자기가 속한 위치와 각각의 차원에서 끊임없이 노력하고 순간마다 안전장치를 만들고 있다. 내가 속한 과학이나 학문 영역에서도 각종 위조나 표절, 데이터 조작과 같은 속임으로부터 자신의 학술 활동과 연구적 성과를 지켜 내기 위한 노력이 계속된다. 또 가정에서 배우자가 지난밤 누구를 만나 늦게 귀가했는지에 대한 관심부터 먹거리의 원산지나 유통기한, 각종 생필품의 성분, 첨단 과학 기술이나 금융과 군사 정보에 대한 감시나 보안의 강화도 속지 않으려는 노력의 일부이다. 윤리가 강조되고 거짓으로부터 자신과 자신이 속한 공동체를 보호하려는 노력이 계속되는 이유는 그만큼 부정과 속임수가 만연하기 때문이다. 정직을 강조하는 문화는 그만큼 정직이 절실하다는 방증이기도 한 것이다.

속이는 행위는 일반적으로 자신이 아닌 누군가를 속이는 것이 대부분이고, 그 누군가가 자신이 속았다는 것을 몰라야 비로소 제대로 속이는 일이 된다. 즉, 누군가가 속고 있다는 것을 눈치챈 순간 속이는 행위는 실패한 것이다. 그렇다면 사람들은 타인이 아니라 자신을 속일 수 있을까? 자기 자신을 속이려면 속이는 자신이나 속고 있는 자신도 속이고 있다는 것이나 속고 있다는 것을 몰라야 한다. 그런데 이렇게 어려워 보이는 일을 우리는 종종 한다. 자기기만self-deception이라고 부르는 일들이 주변을 돌아보면 심심찮게 일어나고 있다.

심리학에서 유명한 실험 하나를 소개하겠다. 미국의 심리학자 레온 페스팅거Leon Festinger와 그의 동료들은 실험에 참가한 사람들에게 극도로 재미없고 지루한 작업을 1시간 동안 하도록 했다.[17] 작업이 끝나고 나가는 참가자에게 실험자는 "나가시면서 밖에 기다리고 있는 다음 실험 참가자에게 이 실험이 정말 재미있고 유익했다고 이야기해 주시겠어요?" 하고 부탁하면서 일부 참여자에게는 1달러씩을, 또 일부 참가자에게는 20달러씩을 지급했다. 그리고 이후 실험 참가자들에게 실험 중 했던 작업이 얼마나 재미있고 유익했는지를 물어보았고, 여기서 1달러를 받은 참가자와 20달러를 받은 참가자의 대답에 확연하게 차이가 나타났다. 참고로 이 실험은 1950년대 말 미국에서 수행된 연구였다. 당시 1달러와 20달러는 요즘 우리 돈으로 각각 1만 5000원과 30만 원 정도의 가치를 지닌 셈이다. 여러분은 얼마를 받은 참가자들이 실험 과제를 재미있고 즐거웠다고 회상했을 것이라 예상하는가?

일단 이 실험에서 분명한 사실은 실험자가 참가자들에게 재미없고 지루한 작업을 다른 사람에게 재미있다고 거짓말하게 한 것이다. 실제로 이 실험에서 거짓말을 부탁하지 않았던 일부 참가자에게 이 실험에서 한 작업이 얼마나 재미있었는지 아닌지를 회상하게 했는데, 대부분 참가자는 정말 재미없고 지루했다고 사실대로 회상했다. 흥미로운 점은, 1달러를 받고 거짓말을 한 사람들과 20달러를 받고 거짓말을 한 사람들, 두 집단 중에 한 집단에서 자기기만이 발견된 것이다. 한 집단은 거짓말을 부탁 받지 않은 참가자들처럼 자신이 했던 과제가 재미없었다고 회상한 반면 다른 집단의 참가자는 자신이 했던 작업이 정말 재미있었다고 회상했다. 어떤 집단에 자기기만이 일어났을까?

실험 결과, 큰 보상을 받은 20달러 집단의 참가자들은 거짓말을 해 달라고 제안을 받지 않았던 참가자들과 마찬가지로 자신이 했던 과제가 재미없고 지루했다고 대답했다. 반면에 1달러를 받은 참가자들은 놀랍게도 그 과제를 정말 재미있었다고 회상했다. 즉, 1달러를 받은 참가자들에게서 자기기만이 일어난 것이다. 그 과제에 대해 거짓말을 하지 않은 사람들의 평가가 구체적인 증거로 버젓이 있음에도, 1달러 집단에 속한 사람들은 그 과제가 재미있고 유익했다고 대답했다.

왜 이런 일이 일어났을까? 20달러를 받은 참가자들은 거짓말이라는 부정적인 행동에 대해 충분한 보상을 받았다고 생각했을 것이다. 그 때문에 거짓말의 핑곗거리를 마련할 수 있었다. 하지만 1달러를 받은 참가자들은 어떤 마음일까. 그들은 고작 1달러를 받고 거짓말을 하는 사람이 되고 싶지 않았을 것이다. 그렇다면 어떤 방법이 있을까? 정말 그 과제가 유익하고 재미있었다고 스스로를 속이면 간단하게 해결된다. 이런 정신적 과정은 의식적 자각 없이, 즉 무의식적으로 일어나야 제대로 된 자기기만이다. 그 과제가 정말 재미있고 유익했다고 회상하는 1달러를 받은 참가자들에게 그렇게 생각하는 이유를 물으면 분명 뭔가 이유를 만들어 낼 것이다. 가령, 그 과제를 통해서 자신의 능력과 인내심을 발견할 수 있었던 좋은 기회였다는 식으로 말이다.

사기꾼에게 당한 피해자 중에는 그것이 사기임을 알려 줘도 쉽게 믿으려 하지 않는 사람이 종종 있다. 특히, 그 사기꾼에게 이미 많은 재산과 정성을 쏟아부은 사람일수록 더 그렇다. 인류 심판이 특정한 날에 온다고 외치는 종교 집단에서 그날이 지나도 심판이 일어나지 않으면 속았다며 해산할 것 같지만, 오히려 다른 이유를 만들어 신앙심을 더 강화하기도 한다. 사실을 인정하기에는 그동안 투자한 자원이 너무 많기 때문이다. 스스로를 속이는 사람이 사실을 직시하게 만드는 일 역시 생각처럼 쉽지 않다. 자신이 믿고 있는 정보만을 받아들이고, 그렇지 않은 정보들은 차단하든지, 별거 아니라 생각하든지, 아주 예외적인 경우라고 생각해 버리기 때문이다.

몇 해 전 하버드대 조에 찬스Zoe Chance 교수와 동료들의 실험과 연구는 자기기만이 과거의 일에만 국한되는 것이 아니라 미래를 예측하는 일에도 나타날 수 있음을 보여 주었다.[18] 연구자들은 실험에 참가한 대학생들에게 수학적 지능을 측정하는 문제라고 하면서 8문항의 어려운 수학 문제를 풀게 했다. 시험의 채점을 마친 뒤, 같은 난이도로 100문항의 문제를 추가로 푼다면 자신의 예상 점수가 어떻게 될지 답하도록 했다. 이때 학생들에게 나누어준 시험지 일부에는 무작위로 시험지 하단에 정답이 적혀 있었다.

실험 결과, 하단에 정답이 적혀 있는 시험지를 받은 집단의 경우, 시험 점수와 미래 예상 점수가 모두 그렇지 않은 집단에 비해 10%가량 높았다. 분명한 사실은, 정답이 적힌 시험지를 받은 학생 중 누군가는 하단의 정답을 참고해 답을 썼고, 이 때문에 평균 정답률이 올라간 것이다. 이렇게 부정행위를 통해 정답률이 올라갔지만, 미래를 예측할 때엔 자신이 정답을 봤기 때문이 아니라 자기 실력 덕이라 믿어서 미래 예상 점수도 훨씬 높게 나타났다는 것이다.

이처럼 부정행위를 통해 좋은 점수를 받은 학생들은 나중에 비슷한 난이도의 시험에서 몇 점 정도를 취득할 수 있을지 예측하게 했을 때에도 자기기만에 의해 스스로를 과대평가하고 있음을 발견했다. 이런 과대평가는 미래에 자신에게 불리한 결과를 초래하는 경우에도 계속되는 것으로 나타났으며 이런 결과는 스스로를 완전히 기만하고 있음을 방증하는 것이다.

왜 스스로를 속일까? 자기기만을 통해 자존감을 지키기도 한다.

그리고 자기 스스로를 완전히 속여야 다른 사람도 쉽게 속일 수 있다. 자신이 실력도 있고 부정행위도 하지 않는 사람이라 스스로 믿어야 다른 사람에게도 당당하게 행동할 수 있기 때문이다. 하지만 거짓이 드러났을 때 자기기만처럼 비싼 비용을 지불하게 되는 행위도 없다. 자신을 보호하기 위한 자기기만이 자신과 주변 사람들을 힘들게 할 수 있다. 자신이 믿고 싶은 것과 객관적인 자료 간의 간극은 좁을수록 좋다. 미국의 심리학자 스키너Burrhus Frederic Skinner는 "과학은 사실이 자신이 원하는 것과 다를 경우라 하더라도, 사실을 기꺼이 받아들이려는 마음 자세이다"라는 말을 남겼다.[19] 우리 모두 과학자가 되어 보자.

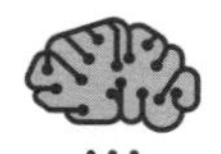

행복의 저울. 마음의 상대성

우리 마음은 홀로 존재하는 것이 아니다. 사회적 물리적 환경에 꾸준히 영향을 받게 되어 있다. 환경이 바뀌면 그에 따라 인간의 마음과 행동이 바뀐다. 과거 원시 시대 인간의 마음이, 또 조선시대 인간의 마음이, 지금 시대를 사는 인간의 마음과 다를 수밖에 없는 이유다. 더욱이 같은 시대를 살아가는 인간의 마음조차도 같지 않다. 기성세대와 청년세대 사이의 갈등은 시대를 불문하고 태곳적부터 늘 존재해 왔다. 젊은 세대는 안으로는 부모님과 여러 가지 갈등을 겪으며 성장하고 밖으로는 사회의 기성 조직문화와 충돌하게 된다. 이는 세대마다 자라온 환경과 살아온 환경이 다르기 때문이다. 어쨌든 환경이 달라지면 우리 마음도 달라진다는 것은 거의 확정된 명제라고 볼 수 있다.

•— **착시 효과**[20]

우리가 흰색과 검은색을 말할 때 그 둘을 구분 짓는 근거는 무엇일까? 어느 정도의 빛이, 어떤 빛의 파장이 표면에서 반사될 때 그것을 희다고 혹은 검다고 지각하게 될까. 물론 이 질문의 선택지에는 파랗다거나 노랗다는 등 다양한 색의 스펙트럼이 더해져 늘어날 수 있다. 어쨌든 우리가 색을 구분하는 절대적 기준이라는 것은 존재할까?

위 그림에서[21] 왼쪽과 오른쪽에 각각 네 개의 원이 그려져 있다. 이때 어느 쪽에 위치한 원의 밝기가 더 밝아 보이는가? 사람들은 대부분 왼쪽보다 오른쪽에 있는 원들이 밝다고 생각한다. 하지만 배경을 지워 버리면 사실 양쪽의 원들은 같은 밝기이다.

그럼에도 우리는 그렇게 판단하지 못한다. 이는 우리가 어떤 대상을 상대적으로 보고 있다는 증거이다.

우리 마음의 작동 원리 중에서 대표적인 것이 바로 마음의 상대

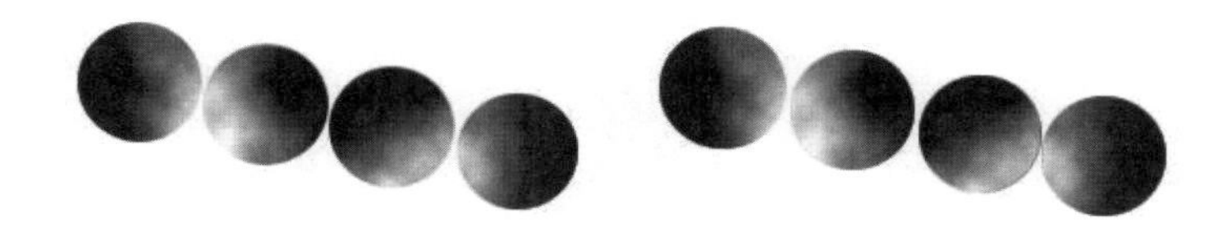

성 원리이다. 어쩌면 물리학의 상대성 이론 이상으로 우리 마음은 온통 상대적 원리에 의해 작동되고 있다고 해도 과언이 아니다.

우리는 흰색과 검은색을 쉽게 구분할 수 있다고 생각한다. 하지만 실제로 우리가 흰색이라고 생각했던 것이 검은색으로 보일 수 있고, 검은색이라고 생각했는데 흰색으로 보일 수도 있다. 강의실에서 종종 빔 프로젝터를 사용해 수업을 진행하는데, 빔 프로젝터의 빛을 받는 스크린의 바탕색은 대부분 흰색이다. 그렇다면 흰색 스크린에 검은 동그라미를 하나 보여 주려면 어떻게 해야 할까? 그 동그라미 주변에 더 밝은 빛을 비추고 동그라미 부분에는 빛을 쏘지 않으면 된다. 주변을 밝게 만들면 흰색 스크린 부분을 검은색으로 보이게 만들 수 있다. 다시 말하자면, 일반적인 조명에서 흰색으로 보이던 스크린 영역이 주변에 빛을 비추는 것만으로도 검게 지각되는 것이다.

같은 회색이라도 검은 바탕에 있을 때가 흰 바탕에 있을 때보다 더 밝아 보인다. 같은 크기의 원도 작은 원들에 둘러싸여 있을 때가 큰 원들에 둘러싸여 있을 때보다 더 커 보인다. 이러한 현상을

• 에빙하우스의 착시

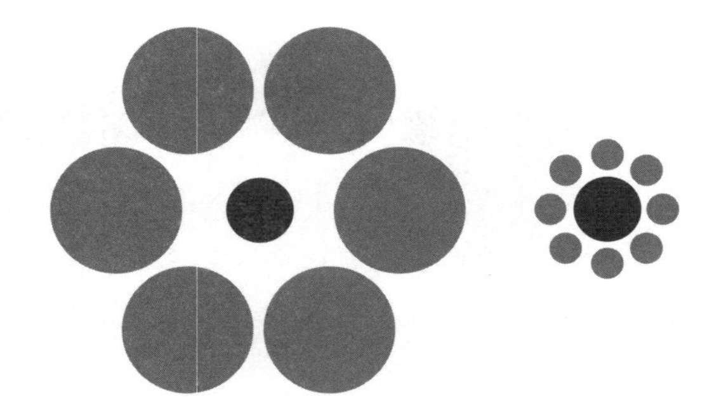

두고 '에빙하우스의 착시Ebbinghaus illusion'라고[22] 한다. 이는 우리가 있는 그대로를 보는 것이 아니라 주변에 있는 것들을 함께 고려해 상대적으로 보고 있음을 의미한다.

상대적 지각이 이렇게 동시에 제시해야만 일어나는 것은 아니다. 어떤 대상이 얼마나 자주 나타나는지에 따라서도 우리의 지각과 판단은 영향을 받는다. 하버드대 심리학자들이 2018년 〈사이언스Science〉에 게재한 연구 내용을[23] 간단히 소개하겠다.

연구자들은 참가자들에게 전형적인 파란색 동그라미와 전형적인 보라색 동그라미, 그리고 파란색과 보라색이 서로 다른 비율로 섞인 수백 개의 동그라미를 컴퓨터 화면에 무작위로 하나씩 띄워서 보여 주었다. 그리고 동그라미 색이 파란색인지 보라색인지 판단하게 하는 간단한 과제를 수행하도록 했다.

처음 200개의 동그라미는 파란색부터 보라색까지 전체적인 색의 스펙트럼에서 고르게 선택되어 제시되었다. 참가자 대부분은 파랑과 보라가 반반 정도 섞인 중간색을 기준으로 파란색과 보라색을 구분하였다.

200개의 동그라미를 보여 주고 난 뒤, 일부 참가자에게는 파란색이 평균보다 더 많이 섞인 동그라미가 전체 시행 횟수의 10% 정도로 가끔 나타나도록 했다. 그리고 보라색이 더 많이 섞인 동그라미가 90% 비율로 더 자주 나타나도록 했다. 이렇게 수백 번의 시행을 거치고 나면 실험 참가자들이 색을 판단하는 기준의 양상이 처음과 많이 달라진다. 처음 200개의 동그라미를 고르게 보는 과정에서 보라색이라고 판단했던 동그라미들을 점차 파란색이라고 인지하게 되는 것이다. 다시 말해, 실험 참가자들은 파랑에 가까운 색들의 출현이 점점 줄어들 때, 파란색이 약간만 섞여 있어도 그 동그라미의 색을 파란색에 가깝다고 판단하게 되었다. 거꾸로 보라색 계통의 동그라미 출현을 줄이고 파란색 계통의 동그라미 출현을 늘린 실험 참가자들의 경우는 정반대의 반응을 나타냈다. 이전에 파란색이라고 했던 동그라미에 대해서도 보라색이라고 반응하게 되는 것을 확인했다.

이렇게 특정한 색이 상대적으로 더 많이 출현하게 되는 상황에 따라 불과 몇십 분 전 자신이 판단한 색의 기준이 뒤바뀌어 버리는 현상을 통해 무엇을 생각할 수 있을까. 이러한 실험을 통해 우리의 생각이 상황에 따라 얼마나 가변적인지 확인할 수 있다. 그리고 이러한 생각의 가변성은 비단 색상을 판단하는 기준에서만 일어나는 것이 아니다.

연구자들은 후속 연구를 진행했다. 아주 위협적인 인상을 지닌 얼굴과 정반대로 매우 순한 얼굴, 그리고 그 사이에 위협적인 인상의 정도가 낮은 것부터 높은 것까지 얼굴 수십 개를 만들어 참가자들에게 제시하면서 각 얼굴이 위협적인지 아닌지를 판단하는 과제를 수행하도록 했다.

이번 실험에서도 마찬가지로 처음 200회의 시행에서는 실험 참가자에게 위협적인 얼굴 사진과 그렇지 않은 얼굴 사진을 균등하게 섞어 제시했다. 이 경우에서 실험 참가자들은 위협 정도가 중간 정도인 얼굴을 기준으로 그 대상이 위협적으로 느껴지는지 아닌지 판단했다. 하지만 이후 시행에서 참가자들에게 전체 얼굴 중 평균보다 위협적인 얼굴의 사진을 주로 제시하고 위협적이지 않은 얼굴의 사진을 아주 가끔씩만 제시했다. 참가자들은 이전 200회 시행에서 위협적이라고 판단했던 얼굴에 대해서도 더 이상 위협적이지 않다고 판단하게 되었다. 반대로 참가자들에게 위협적이지 않은 얼굴을 더 많이 보여 주면 이전에 위협적이지 않다고 판단했던 얼굴도 위협적인 얼굴로 판단할 가능성이 커질 것이다. 이는 인상이 험한 사람들 틈에서 살던 사람은 보통 인상의 사람만 봐도 순진무구하게 느낄 수 있고, 순한 사람들 틈에서만 지내 왔던 사람은 보통 사람만 봐도 위협적으로 느낄 수 있다는 이야기이기도 하다.

인상 판단만 그런 것이 아니다. 우리의 도덕적 판단도 이러한 노출 비율에 따라 영향을 받을 수 있다. 이번에 연구자들은 실험 참가자들에게 다양한 연구 제안서를 보여 주고 그 연구가 비윤리적인지 아닌지를 판단하는 과제를 수행하도록 했다. 가령 어떤 연구를 수행할 때 인체에 해로운 약물 실험을 참가자에게 속이며 수행한다면 매우 비윤리적인 연구가 될 것이다. 이렇게 아주 비윤리적인 연구 사례부터 윤리적으로 진행되는 연구까지 다양한 연구 제안서를 실험 참가자들에게 제시했다. 이때에도 다양한 윤리 스펙트럼에 해당하는 제안서들을 균등하게 제시하는 경우에는 평균을 기준으로 윤리적 판단을 하다가, 어느 한쪽 제안서에 더 빈번하게 노출되고 나면 윤리적 판단 기준이 바뀌어 버린다. 즉, 비윤리적인 제안서를 더 많이 접하다 보면, 이전에 비윤리적이라고 판단했던 연구 제안서도 윤리적으로 문제가 없다고 판단하게 되며, 반대로 윤리적인 제안서를 더 많이 접하다 보면 전에는 윤리적이라고 판단했던 연구 제안서도 윤리적으로 문제가 있다고 판단하는 것이다.

흉악 범죄가 잦은 곳에서는 경범죄가 죄도 아닌 것으로 판단될 수 있고, 반대로 범죄가 거의 일어나지 않는 곳에서는 동일한 경범죄도 많은 비난을 받을 수 있는 이유가 여기에 있다. 세대 간, 지역 간, 개념의 차이도 이처럼 우세한 경험의 차이에서 비롯되기도 한다. 과거에는 웃고 넘어갔던 농담이 이제는 누군가에게 성적 수치심을 일으키는 성희롱이 될 수 있고, 우리나라에서는 충분히 이해할 수 있는 행동이 다른 나라에서는 공격적인 행동으로 받아들여질 수 있다.

새로운 세대는 변화에 더 잘 적응하고 현재 우세한 것을 기준으로 더 빠르게 생각을 변화시킨다. 그리고 분명히 지금의 젊은 세대 역시 세월이 지나면 지금보다도 훨씬 높은 잣대로 자신을 판단하는 젊은 세대의 모습에 놀라게 될 것이다.

확실히 과거보다 지금은 잘 먹고 잘살고 있다. 인권이나 윤리의식도 과거와 비교할 수 없을 정도로 좋아졌다. 그래도 사회는 늘 불만이고 문제를 만든다. 왜 그럴까? 어떤 문제의 출현이 줄어들면 전에 별것 아니던 문제점들이 보이고 문제의 기준도 바뀌기 때문이다. 그래서 과거 세대의 문제는 늘 존재하기 마련이고 그 문제가 해결되면서 새로운 문제가 두드러질 수밖에 없다. 그렇게 우리 인간은 적응하고 생존해 왔는지도 모른다.

가치의 변화, 개념의 변화는 환경의 변화, 세상의 변화에서 비롯된다. 그리고 개념의 변화를 경험하는 우리 마음은 주변 맥락, 전후 맥락에 따라 상대적으로 작동한다. 행복에 대한 우리의 마음도 상대적으로 작동한다. 일찍이 노벨 경제학상을 수상한 미국의 이론 경제학자 폴 새뮤얼슨Paul Anthony Samuelson은 소비를 욕망으로 나눈 값이 행복이라고 정의했다. 미국의 심리학자이면서 행복 심리학의 대가인 에드 디너Edward Francis Diener 역시 가진 것을 원하는 것으로 나눈 값이 행복이라는 공식을 도출했다.

- 폴 새뮤얼슨의 공식　　행복 = 소비 / 욕망
- 에드 디너의 공식　　행복 = 가진 것 / 원하는 것

위의 공식대로라면 우리는 무엇을 많이 가지고 또 많은 소비를 할 때 행복해지는 것일까? 자동차, 오토바이, 명품 가방, 아파트 등 원하는 것을 무엇이든 소비하면 과연 행복할까? 결과를 도출하기 전에 공식을 조금 더 자세히 들여다보자. 분자의 자리에 소비와 가진 것이 있는데, 분모에는 욕망과 원하는 것이 자리잡고 있다. 무엇인가를 바라고 원하는 것, 욕망이 점점 커지면 소비가 아무리 커지고 가진 것이 아무리 많아도 행복의 절댓값은 늘어나지 않는다. 거꾸로 가진 것은 일정해도 원하는 것(욕망)을 줄이면 행복지수는 커진다. 욕심을 버리고, 마음을 비우는 지혜를 옛 성현들이 강조해 왔던 것과 맥을 같이하는 것이다.

위의 행복의 공식을 보면 우리가 행복해지는 방법은 무척 간단해 보인다. 소비나 가진 것을 늘릴 수 없다면, 욕망과 원하는 것을 0에 가까워지도록 하는 것이다. 하지만 헛된 욕심을 버리는 것이 가능하다고 해도(물론 이것도 지극히 주관적이고 어려운 일이지만), 모든 욕망을 없애는 것은 살아있는 사람에게는 불가능한 일이다. 목

이 마르고 배가 고플 때 물을 마시고 음식을 먹고 싶은 생리적 욕구부터 위험한 것에서 벗어나픈 욕망, 누군가로부터 인정받고 사랑받고 싶은 사회적인 욕망, 자존감이나 목표한 바를 성취하려는 욕망 등 현실적으로 모든 인간에게는 욕망이 있다. 마음을 비우고 무소유를 추구하는 가치를 소중하게 여길 수는 있어도, 모든 욕망과 원하는 것을 비우는 것은 불가능하다. 또한 위에 언급했던 단순한 행복 공식의 치명적 문제점은 인간의 행복은 무엇인가를 소유한다고 해서 일정하게 유지되지 않는다는 점이다. 이와 관련해서는 다음 장에서 좀 더 자세히 언급하겠다. 아무튼, 행복감을 비롯한 우리가 보고 느끼고 판단하는 모든 마음의 과정들은 주변의 맥락과 경험들에 의해 순간순간 변화하며 상대적으로 작동할 수 있음을 이해하는 것이 중요하다. 또한 마음의 상대성이 지니고 있는 명과 암, 즉 긍정적이고 적응적인 가치와 주관적이고 왜곡된 편향이 동시에 존재할 수 있음을 이해한다면, 우리는 다양한 시각을 고려하여 보다 객관적인 판단을 내리며 다양한 상황에서 더 지혜롭게 대처할 수 있을 것이다.

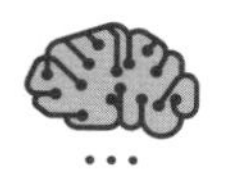

삶의 목표를 어떻게 설정하는가

시대가 바뀌어도 학생들이 늘 반기는 말이 있다. 3시간짜리 수업에서 1시간 정도 일찍 끝내겠다고 제안하면, 예나 지금이나 학생들은 무척이나 기뻐한다. 3시간을 예상했는데 그보다 조금 일찍 수업이 마친다는 생각만으로도 즐거운 것이다. 그렇다면 강의가 시작된 이후 모든 수업마다 1시간 일찍 끝냈다고 가정해 보자. 원래 3시간짜리 수업이지만 늘 2시간씩 수업을 해 온 것이다. 이 경우에 학생들은 내가 2시간만 수업을 진행하겠다고 이야기해도 그렇게 기뻐하지 않을 것이다.

앞서 언급한 대로, 우리의 마음은 그만큼 상대적이다. 그렇다면 우리가 행복하기 위해서, 계속 낮은 것과 비교하고 높은 것과 비교하지 않으면서 행복하게 살면 되는 걸까? 그 전에 우리 인생의 목적이 과연 행복일까? 사실 그건 아니다. 사람들은 쉽게 착각하곤 한다. 행복이 인생 최대의 목적이라고 말이다. 미디어나 주변 사람들 역시 행복하기만 하면 모든 것을 다 이룬 것처럼 이야기한다. 그런데 사실 행복은 하나의 도구일 뿐이다.[24]

우리가 왜 행복감을 느끼게 되었는지 먼저 생각해 볼 필요가 있다. 여러분이 먹고 싶던 음식을 먹었을 때 왜 맛있다고 느끼게 되었는가, 왜 아름다움을 느끼게 되었는가, 왜 그럴까? 사실 우리가 행복하다고 느끼는 대부분 감정의 원인을 찾으면 생존에 유리하기 때문이라고 할 수 있다. 먹자마자 구토할 것 같고 토악질이 올라오면 죽음에 가까워진다. 입맛에 맞고 맛있다는 건 생존에 유리하다는 증거이기도 하다. 결국, 행복도 마찬가지이다. 행복감을 느낀다는 건 생존에 유리하기 때문이다.

그렇지만 행복이라는 좋은 감정에 적응되고 나면 더 이상 그 행복을 느끼지 못하게 된다. 우리는 본능적으로 뭔가 달성했을 때 행복감을 느끼고, 그 뒤로는 다음 생존에 더 필요한 것을 위해서 달려가게 되어 있다. 그리고 어떤 경우에는 생존에 필요한 것이 행복감을 낮추는 요인과 맞닥뜨릴 때도 있다. 행복감이 떨어지더라도 생존을 위해 때로는 싸우고 경쟁하기도 한다. 그러니까 결국 우리 인생의 최종 목적이 행복은 아닌 셈이다.

앞서 밝혔듯이 마음은 상대적이다. 대중교통을 이용해 출퇴근하던 회사원이 작은 차라도 자동차가 한 대만 있다면 더 바랄 것이 없겠다고 생각하게 된다. 그렇다면 원하던 자동차를 가지면 행복해지는가? 보통 원하는 것을 얻고 몇 개월은 행복해진다. 하지만 행복도는 곧 다시 떨어지고야 만다. 막상 차가 생기고 몇 년이 지나고 나면 자신의 차보다 큰 차들만 보이게 된다. 이번에는 나도 큰 차가 있으면 좋겠다고 바란다. 그럼 좀 더 큰 차를 사면 행복해질까? 아니다. 몇 개월 지나면 결국 똑같아진다.

나중에 큰돈을 벌고 최고급 스포츠카가 있으면 행복해질까? 분명 그 행복도 그리 오래가지는 못할 것이다. 그 사람이 스포츠카를 즐기다가 자동차 사고가 나서 휠체어에만 의존하게 되었다고 가정해 보자. 그 사람에게는 아무리 좋은 자동차도 필요 없을 것이다. 튼튼한 두 다리로 걸어 다니고, 지하철을 타고, 버스를 타는 것이 가장 큰 바람일 테니 말이다. 그런데 세상에는 휠체어도 탈 수 없고 평생 병상에 누워 있어야만 하는 사람들도 많다. 이들에게는 휠체어를 타는 것도 꿈의 대상이다. 무엇이 절대적으로 불행하거나 행복하다고 할 수 있는가?

마찬가지로 작은 전셋집에 사는 사람이 방 두 개, 거실 하나 있는 아파트 하나 소유하면 소원이 없겠다고 생각했지만, 막상 그 꿈을 이루고 나면 좀 더 큰 아파트를 희망하게 된다. 그렇게 인간이 느끼는 행복과 만족은 이토록 상대적이다. 결국, 우리의 욕심은 끝이 없는 걸까? 우리는 결코 만족하거나 행복해질 수 없을까?

수업 시간에 학생들에게 행복과 성공 중에 하나를 선택한다면 무엇을 선택하겠냐는 질문을 하곤 한다. 무엇을 위해 우리가 살아가는지를 묻기 위한 것이다. 물론 둘 다 있으면 좋겠지만 굳이 하나를 선택하라면 대부분 학생은 행복을 선택한다. 하지만 행복이 우리의 최종 목표가 아니라 생존과 번식을 위한 도구임을 이미 언급하였다. 따라서 인간의 최종 목표는 행복이 아니라 성공임이 자명하다. 성공이란 목적이나 뜻을 이루는 것을 의미한다. 우리는 목적하는 바, 뜻하는 바를 이루었을 때, 즉 성공했을 때 행복감을 느낀다. 그래서 마치 행복이 최종 목표인 것처럼 착각하는 것이다.

우리는 그것이 시험 문제이건, 인생의 난제이건, 자신에게 주어진 문제들을 성공적으로 해결하기를 원한다. 인지심리학에서는 성공을 '문제 해결problem solving'이라는 주제로 마음의 문제를 다룬다. 문제 해결이란 '장애물을 넘어서 목표 상태로 가는 것'을 의미하는데, 이 이야기는 파트 3에서 더 자세하게 다루고 있다.

여기서는 성공과 행복, 두 마리 토끼를 모두 잡는 방법을 소개하려고 한다. 일단 당신이 기본적으로 이해해야 하는 것이 있다. 첫째로 행복은 객관적인 삶의 조건들에 의해 크게 좌우되지 않는다. 재산이 얼마가 있고 어떤 지위에 있으면 행복이 보장되는 것이 아니라는 말이다. 이는 행복을 연구한 많은 심리학자들이 반복적으로 밝혀 온 바다.[24] 둘째로, 행복은 의식적인 영역의 것이 아니다. 그 보다는 기질적으로, 그리고 무의식적이고 자동적으로 발현된다. 마지막으로 앞서 언급한 대로, 우리 인간은 행복하기 위해 성공하려는 것이 아니라는 점이다. 그것은 성공을 추구하게끔 우리 뇌가 행복이라는 당근을 이용하는 것뿐이다. 그런데 심리학에서 재미있는 사실은 행복한 사람들이 더 성공한다는 점이다. 평소에 행복감이 높은 사람들이 더 건강하고 더 오래 살고 연봉도 높고 더 성공한다.[25] 따라서 이 시점에서 나는 새로운 시각을 제안하고자 한다. 행복하기 위해 성공해야 한다는 생각을 버려야 한다고 말하고 싶다. 오히려 우리는 성공하기 위해 행복해야 한다.

대부분의 사람은 어리둥절할 것이다. 행복이 의식적인 영역의 것이 아니며, 어떤 물리적·객관적 조건에 의해 결정되는 것도 아니라고 바로 앞에서 설명한 바가 있음에도, 어떻게 성공하기 위해 행복하라는 앞뒤가 다른 말을 하느냐고 반문할지도 모른다.

심리학 연구를 먼저 하나 언급하고 행복할 수 있는 방법을 소개하겠다. 한 연구에서 참가자들 중에 절반은 펜을 입술로 물고 나머지는 펜을 치아로 문 상태에서 짧은 코믹 영상을 시청하게 했다. 그러고 영상이 얼마나 재미있었는지 평가하는 실험을 했다.

분명 같은 영상을 시청했음에도 불구하고 펜을 치아로 물고 본 사람들이 더 재미있었다고 응답을 했다. 이유는 펜을 치아로 물고 있으면 자연스럽게 웃는 표정이 되기 때문이다. 찡그리고 있으면 같은 경험도 더 부정적으로 느끼고, 미소 짓고 있으면 같은 경험도 긍정적으로 느끼게 된다. 우리의 행동이 우리의 행복감에 영향을 미치는 것이다. 행복해서 웃지 않아도 웃으면 행복해질 수 있다. 기질적으로 명랑한 성격이 아니라도 행복감을 높이는 행동을 자주 하면 그 자체로 행복감이 상승한다.

이어서 행복하려면 어떻게 해야 하는지 소개하도록 하겠다. 먼저 우리는 얼마나 행복한 삶을 살고 있는지, 다음 질문에 대해 점수를 매겨 보자. 정말 그렇다에 7점, 그렇다에 6점, 약간 그렇다에 5점, 중간이면 4점, 약간 아니라면 3점, 아니다에 2점, 정말 아니라면 1점의 점수를 주면 된다.

다섯 개의 질문에 답한 점수를 모두 더해 보면 삶에 대한 만족 정도를 확인할 수 있다.

질문	점수
1. 대부분의 경우, 나는 내가 이상적이라고 생각하는 삶을 살고 있다.	
2. 내 삶의 여건들은 매우 좋다.	
3. 나는 내 삶에 만족한다.	
4. 현재까지 삶에서 내가 원한 중요한 것들은 얻었다.	
5. 다시 태어난다고 해도 지금의 나와 거의 바뀐 게 없었으면 좋겠다.	
31-35(매우 만족), 26-30(만족), 21-25(약간 만족), 20(중립), 15-19(약간 불만족), 10-14(불만족), 5-9(매우 불만족).	

위의 간단한 검사는 개인의 일반적인 삶의 만족을 측정하는 데 꽤 신뢰가 높고 타당한 것으로 밝혀진 생애 만족 척도Satisfaction With Life Scale이다.[26] 점수가 높다면 별문제가 없겠지만 중립 이하라

면 행복감을 높이려는 노력을 해야 한다. 왜냐하면 심리학의 많은 연구들은 행복한 사람들이 너무도 많은 삶의 영역들(건강과 수명, 결혼, 우정, 사업, 소득 등)에서 성공할 가능성이 높다는 것을 밝혀 왔기 때문이다.[27]

심리학 교과서에도 나오는 단기간에 더 행복해질 수 있는 방법을 나름대로 정리하여 소개하자면 다음과 같다.

1. 감사를 습관화하라. (당신에게 친절을 베푼 사람에게 고맙다는 문자 보내기, 매일 그날 감사한 일, 잘된 일들 서너 개를 일기처럼 기록하기 등)
2. 과거에 당신이 정말 최선을 다했던 때를 적어 보고, 그때 당신이 보였던 장점이나 강점에 대해 생각해 보라.
3. 미래에 당신이 중요하게 생각하는 목표들을 성취한 자신의 모습에 대해 상상해 보고, 그때의 삶이 어떨지 그리고 어떻게 그것을 성취했을지에 대해 적어 보라.
4. 당신의 삶의 긍정적인 측면을 일기로 적어 보라. 건강, 자유, 친구 등과 같은 것들을 되새겨 보라.
5. 행복한 사람처럼 행동하라. 때로는 행복한 몸짓을 통해 행복이 만들어질 것이다.

이런 행동들을 소위 산탄총적 개입Shotgun Interventions이라고 부르는데, 그 이유는 그 효과가 산탄총처럼 즉각적이고 포괄적이면서,

큰 노력 없이도 큰 효과를 볼 수 있기 때문이며, 더욱이 위험부담이 거의 없다는 장점이 있다.

단기간 행복감을 높일 수 있는 방법이긴 하지만, 중요한 것은 이런 행동들을 습관화해야 장기적으로 행복이 자신의 것이 될 수 있다는 점이다. 습관이란 무의식의 영역이다. 습관이 되면 나의 뇌는 자동적으로 작동하게 된다. 만약 자신의 점수가 낮다면, 이것들을 습관화하고 1년 후 앞에서 했던 다섯 개의 질문에 대해 다시 답하고 점수가 얼마나 올랐는지 비교해 보자.

성공하면 행복해진다. 하지만 그 행복은 오래가지 못한다. 흔히 동화책처럼 멋진 왕자님이나 공주님을 만나 '오래오래 행복하게 살았습니다'라는 결말을 현실에서 기대하기 힘든 이유는 행복이 어떤 조건을 충족했다고 주어지는 것이 아니기 때문이다. 그래서 성공을 위해 먼저 행복해지는 것을 삶의 목표로 두자고 이야기 하는 것이다. 그렇게 하면 우리는 행복과 성공이라는 두 마리 토끼를 모두 잡을 수 있다.

끝으로, 앞서 언급한 다섯 가지 행복해지는 방법을 다시 생각해 보면, 신약 성경에도 비슷한 이야기가 있다. 사도바울이 약 2000년 전, 데살로니가 신도들에게 보낸 편지에 "항상 기뻐하라, 쉬지 말고 기도하라, 범사에 감사하라. 이는 그리스도 예수 안에서 너희를 향하신 하나님의 뜻이니라."라는[28] 구절이 나온다. 기뻐할 만한 일을 만들어서 기뻐하고 감사할 일이 생기면 감사하라는 얘기가 아니라, 늘 기뻐하고 감사하라는 명령을 하고 있는 것이다. 그리고 기도하라는 것도 우리가 과거나 미래에 감사했던 일 그리고 긍정적이고 희망적인 것들을 바라고 묵상하는 것과 유사하다. 그리고 이런 것들을 쉬지 말고 하라는 것은 습관화시키라는 것과 유사하다. 현대 심리과학자로서 2000년 전 이런 메시지는 놀라울 따름이다. 이를 실천했던 사람들은 더 행복했을 것이고 더 성공했을 것으로 오늘날 심리학은 증명하고 있다.

The

Controller

PART 2

내 선택의 출처, 마음의 표준 설비

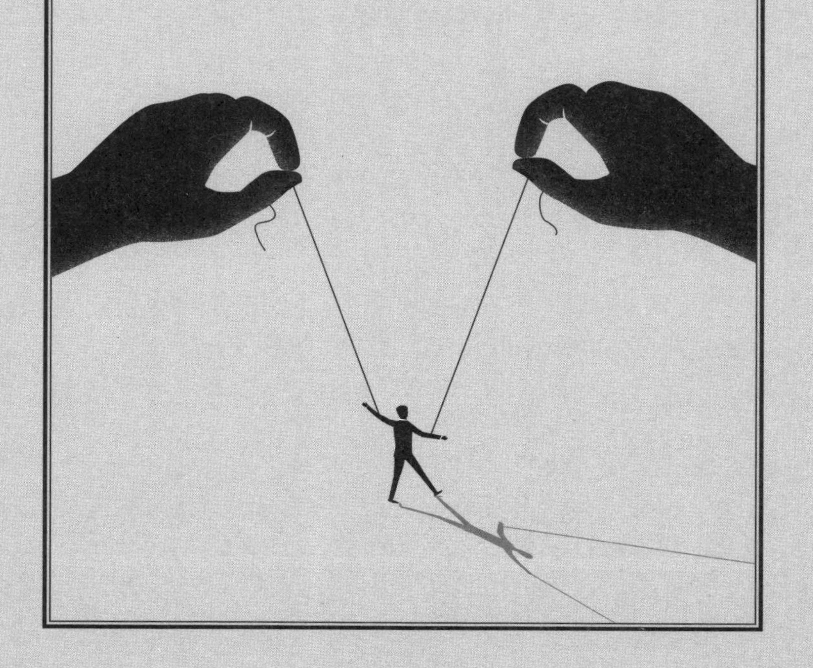

03

마음이란 무엇인가

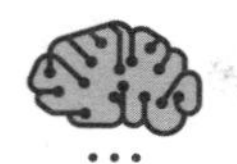

마음에 대한 과학적 접근

심리학을 한다고 하면 얼핏 심리학에 대해 잘 모르는 사람들은 관상이나 운명 철학, 혹은 독심술 같은 것들을 떠올린다. 하지만 이런 것들은 실제 심리학과는 거리가 멀다. 과학이 발달하기 이전에 인간의 마음에 대해 궁금해 하던 사람들이 궁금증을 해소하기 위한 노력의 흔적 정도로 설명하는 편이 맞겠다. 지그문트 프로이트Sigmund Freud나 칼 구스타브 융Carl Gustav Jung, 알프레트 아들러Alfred Adler 등의 정신분석학에 대해 들어 보거나 공부한 적이 있다면 심리학의 한 학파를 알고 있다고 자부해도 좋다.

현대 심리학에서 정신분석학이 차지하는 위치는 대한민국 지도에서 사람들이 낚시나 휴양을 위해 가끔 가는 작고 예쁜 섬 하나 정도에 비유할 수 있겠다. 그 예쁜 섬도 대한민국의 중요한 일부이고 그곳에서 휴양하는 사람들도 대한민국 국민이긴 하지만, 대한민국의 일상을 보여 주는 대표적인 곳도 아니고 전형적인 생활 모습도 아니다. 대부분의 현대 심리학자들은 예쁜 섬에 있는 분들(정신분석학자)이 주로하는 직관이나 통찰, 혹은 일부 제한된 사례 연구 등에 의한 방법으로 어떠한 결론에 도달하는 것에 주저한다. 주저할 뿐 아니라 아주 비판적인 시각을 가지기도 한다.

심리학psychology 혹은 심리과학psychological science은 과학적 방법을 통해서 인간의 마음과 행동을 연구하며, 과학적 엄밀성을 매우 강조한다. 과학이라고 하면, 대부분 사람은 화학이나 물리학, 생물학 등을 떠올리고 화학물질이나 물리적 대상을 연구하는 과학자를 떠올릴 것이다. 어떤 물질이 어떤 분자 구조로 구성되어 있는지, 그 질량은 얼마인지, 빛의 밝기나 속도 등을 측정하는 모습은 전형적인 과학자의 모습이다.

그렇다면 인간의 마음을 연구하는 심리과학자의 전형적인 모습은 어떨까? 사람들의 감각, 지각, 학습, 지능, 성격, 정서, 마음의 건강 상태 등을 측정하는 모습을 상상할 수 있다. 조금 더 구체적으로 외부 세계를 우리 마음이 어떻게 지각하는지 연구한다고 생각해 보자. 물리적인 빛의 밝기를 우리 인간은 어느 정도 밝다고 지각하는지, 물리적인 소리의 크기를 우리 인간은 어느 정도 크다고 판단하는지를 측정할 수 있다. 즉 물리적인 세계에 대해 우리 인간의 마음이 지각하고 생각하는 바를 측정할 수 있다.

가령 물리적인 빛의 세계에서 우리 인간이 볼 수 있는 빛인 가시광선이 있고, 볼 수 없는 빛이 있다. 이러한 사실로부터 우리는 일단 물리적인 세계와 심리적인 세계가 다르다는 것을 알 수 있다. 볼 수 있는 빛의 밝기도 일반적으로 물리적인 빛의 강도가 특정한 값에서 두 배가 되었다고 우리 인간이 지각하는 빛의 밝기도 두 배가 되는 것은 아니다. 소리도 마찬가지이다. 소리란 공기의 진동에서 비롯되는데, 소리의 높낮이나 크기를 나타내는 주파수나 진폭은 각각 헤르츠*Hz*와 데시벨*dB*로 나타낸다. 우리가 들을 수 있는 주파수는 '가청 주파수'라고 하는데, 일반적으로 20*Hz*에서 2만*Hz* 사이를 말한다. 이 가청 주파수 안에서도, 500*Hz*와 1000*Hz* 소리 높낮이의 차이와 1000*Hz*와 1500*Hz* 차이는 물리적으로 500*Hz*로 같지만 우리는 해당 음높이의 차이가 같다고 느끼지 못한다. 마찬가지로 물리적으로 2*dB*을 1*dB*보다 두 배로 더 큰 소리로 지각하지도 못한다. 바꿔 말하자면 물리적인 빛과 소리의 변화를 우리의 마음에서는 다르게 지각하고 받아들인다는 것이다.

텔레비전에서 빛의 밝기나 소리의 크기를 조정할 때 나타나는 숫자나 간격 표시는 우리 인간의 마음을 반영해 만든 지표임을 아는 사람은 많지 않다. 이렇게 물리적 세계와 심리적인 세계의 관계를 연구하는 심리학의 분야를 정신물리학psychophysics이라고 한다. 약 140년 전에 심리학을 독립된 학문으로서 시작하게 만든 정신물리학적 접근 방법은, 수천 년 동안 마음에 대한 주관적·직관적 논쟁에서 벗어나 마음에 대해 수량화·객관화할 수 있는 과학적 연구가 가능함을 보여 줬으며, 오늘날 현대 심리학에서도 여전히 중요한 심리학의 한 분야이며 접근 방법으로 자리 잡고 있다.

그렇다면 심리과학의 주제가 되는 '마음'이란 도대체 무엇일까? 이 책을 읽는 여러분 역시 각자가 생각하는 마음의 정의에 대해 스스로 대답해 보기를 바란다. 나는 지난 몇 년 동안 대학에서 '마음이란 무엇인가?'라는 제목의 강의를 개설해 왔다. 그리고 학기 초마다 수강생들에게, '마음이란 ~이다'는 명제를 채워 넣는 과제를 주곤 했다. 이때 학생들의 대답을 살펴보면 그야말로 천차만별이다.

어떤 학생은 마음이 본능이라고 혹은 '느낌'이라고 대답한다. 마음이 자신을 움직이는 어떤 것이라고 말하는 이도 있고, 마음이란 곧 자신이고 타인과 구별해 주는 것이라고 말하는 학생도 있다. 마음은 언제든지 변할 수 있는 알 수 없는 것이라고 하는 학생도 있는 반면, 어떤 학생은 마음이란 절대 변하지 않는 어떤 것이라고 말한다. 어떤 학생은 마음을 다양한 대상에 비유하기도 한다. 마음은 마치 돌과 같다거나 혹은, 얼음, 파도, 신, 그릇, 바람, 거울, 나침반, 우주, 심지어 오렌지에 비유한 학생도 있다.

이렇게 모든 사람이 생각하는 마음이 다른데, 과학자들은 어떻게 마음을 연구할 수 있을까? 과연 내가 생각하는 마음과 다른 사람이 생각하는 마음의 정의가 다르다면, 우리는 마음에 대해 어떻게 과학적으로 연구할 수 있을까?

물론 우리가 마음에 대해 공통된, 그리고 모든 사람이 동의하는 통일된 마음의 정의를 하지 못한다 해도 마음을 연구할 수 없는 것은 아니다. 가령 '게임'이라는 개념을 정확하게 정의하기는 어렵다. 하지만 축구나 카드 게임 등 우리가 게임이라고 생각하는 다양한 구성원들을 하나씩 이해하다 보면 게임이라는 개념 자체를 이해하는 폭을 넓힐 수 있다. 마음 역시 한마디로 그 개념을 정의하기는 어렵지만, 마음이라고 생각되는 여러 감정이나 기억, 추론 등을 연구하다 보면 마음을 좀 더 잘 이해하고 정확한 정의가 가능해질 것이다.

이제 독자들이 생각하는 마음과 관련해 또 다른 질문을 던져본다. 독자 여러분은 마음과 연관해 무엇이 궁금한가? 질문은 모든 학문의 시작이다. 될성부른 나무는 떡잎부터 알아본다는 이야기가 있듯이, 좋은 학자가 될 사람은 그 사람의 질문을 보면 알 수 있다. 마음과 관련해 여러분은 어떤 질문을 하고 있는가? 그리고 그 질문은 과학적으로 연구 가능한가?

앞서 심리학은 인간의 마음을 과학적으로 연구하는 학문이라고 언급한 바 있다. 하지만 마음과 관련해 아무리 중요한 질문이 있다고 하더라도, 과학적으로 연구할 수 없다면 그 질문에 대한 연구는 접어 둘 수밖에 없다. '우리에게 영혼이 있는가?', '인간이 죽으면 영혼은 어떻게 되는가?' 정말 중요한 질문이지만 과학적 접근이 불가능한 질문이다. 과학자 입장에서 이런 질문에 매달리는 것은 시간 낭비고, 자원 낭비라고 생각할 것이다. 오히려 그동안 별로 중요하다고 생각하지 않았던 질문이 사실은 매우 중요한 질문일 수 있음을 깨달을 때 우리는 배우는 즐거움을 찾을 수 있다. 더 나아가서 아직 과학적으로 연구하지 않은, 하지만 과학적으로 연구 가능한 질문을 발견할 때 과학자들은 연구의 즐거움을 찾게 된다. 사실 마음과 관련, 아직도 과학적 연구를 기다리는 중요한 질문이 수도 없이 많이 있다.

가령, '가'라는 글자를 보고 그것이 '가'라는 글자인지 우리는 어떻게 인식할까? 이런 질문을 대학생들에게 하면, 대부분 학생은 "그렇게 생긴 모양이 '가'라는 글자라고 배웠으니까 알죠" 하고 대답한다. 어쩌면 너무나도 당연한 이야기이다. 하지만 우리 뇌에 '가'라는 글자가 어떻게 저장되어 있고, 그 외부의 '가'라는 빛 얼룩이 뇌에 저장된 '가'라는 글자와 동일한 것인지를 어떤 과정을 거쳐서 알게 되는지, 사실 그 과정 자체는 모르는 문제다.

재미있는 사실은, 분명 우리가 '가'라는 글자를 보고 그것이 '가'라는 글자인지는 알지만, 어떻게 아는지는 모른다는 것이다. 마치 운전면허가 있는 사람이 자동차를 운전하고 사용하는 것은 알지만, 자동차가 어떤 메커니즘을 통해 움직이고 그 복잡한 회로가 어떻게 되어 있는지는 모를 수 있는 것처럼, 우리는 우리의 마음이 어떤 메커니즘을 통해 작동되는지는 전혀 모른 채 그 마음을 사용하는 것이다.

이제는 인공지능이라는 용어가 생소하지 않은 시대가 되었다. 스마트폰의 카메라를 통해 글자나 사람의 얼굴 등을 인식하게 만들기 위해 수많은 과학자가 많은 연구를 해왔고 지금도 진행 중이다. 하지만 이 어려운 일을 우리의 마음은 너무도 잘하고 있었던 것이다. 단지 이런 일을 우리 마음이, 우리의 뇌가 어떻게 하는지를 잘 몰랐던 것뿐이다.

이제 우리의 마음을 연구하는 심리과학자, 인지과학자들이 마음이라는 것을 어떻게 생각하는지, 독자들은 어느 정도 눈치챘을 수도 있다. 마음이란 바로 뇌가 하는 것이다. 조금 더 구체적으로 얘기하자면, 마음이란 뇌가 하는 정보처리 과정 혹은 정보처리 시스템이라고 할 수 있다. 이러한 정의를 바탕으로 오늘날 대부분 심리과학자는 마음을 연구한다.

정보처리 과정이라고 하면 언뜻 이해가 잘 안 될 수도 있지만, 간단하게 생각하면 우리의 눈이나 귀를 통해 외부의 빛 정보나 소리 정보를 받아들여서 이를 해석하고 변형하고 저장하고 사용하는 일련의 과정이 바로 마음이라고 우리가 불러온 것이다.

마음을 이해할 수 없는 어떤 것, 잡을 수 없는 어떤 것으로 생각해서 마음과 관련해서 이런 말도 했다가, 그것과 상반된 또 다른 얘기도 했다가 하는 것은 마음에 대한 객관적이고 과학적인 연구에 아무런 도움이 되지 않는 오히려 방해가 되는 말장난이다. 우리는 마음과 관련해 어떤 말이 말장난이고, 어떤 말이 객관적이고 체계적으로 밝혀진 과학적 증거인지를 구분해서 제대로 된 마음의 실체를 이해할 필요가 있다. 마음에 대한 과학적 접근이야말로, 과학 기술의 발달로 인해 새로운 인류로 거듭난 우리의 모습을 객관적으로 이해할 수 있게 하는 필수 조건인 것이다.

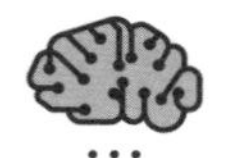

마음이란 뇌가 하는 일

'나는 생각한다. 고로, 존재한다'던 철학자 데카르트René Descartes의 말은 오늘날 신경과학적 관점에서 '나의 뇌는 활동한다. 고로, 존재한다'는 말로 다시 쓸 수 있다. 자신에 대한 정체감, 자신의 의식은 정신 기능을 관장하는 뇌의 활동에서 비롯되기 때문이다. 마음을 이해하기 위해 이를 담당하는 뇌의 구조와 기능들을 이해하는 것은 심리학자들에게도 중요한 과제가 되었으며, 뇌와 마음의 관계를 연구하는 분야, 인지신경과학이나 신경심리학은 현대 심리학의 핵심 분야 중 하나로 자리 잡고 있다.

인지신경과학자 입장에서 마음을 한마디로 정의하면, '마음이란 뇌brain가 하는 일'이라고 말할 수 있다. 우리의 뇌는 외부로부터 각종 감각 정보들(시각, 청각, 촉각, 미각, 후각)을 받아들여 선택하고 압축하고 정교화하고 변형하고 저장하고 사용한다. 이러한 정보 처리 기능을 담당하는 신경계의 기본 단위가 '뉴런neuron'이라고 부르는 신경세포다. 우리의 뇌에는 약 1000억 개의 뉴런이 있고, 각각의 뉴런은 다른 뉴런들과 신호를 주고받으며 정보처리를 하고 있다. 하나의 뉴런이 다른 뉴런과 만나서 정보를 주고받는 부위를 시냅스라고 부르는데, 하나의 뉴런은 평균 1만 개의 시냅스를 가지고 있으니 우리 뇌에는 약 1000조 개의 어마어마한 시냅스가 있는 셈이다. 그런데 우리가 어떤 경험을 하고, 무엇인가를 배우면 뉴런과 시냅스의 활동, 모양, 연결 구조 등이 바뀌게 된다.

시냅스에서는 다양한 신경 전달 물질이 하나의 뉴런에서 다른 뉴런으로 전달된다. 우리에게 익숙한 도파민이나 세로토닌, 엔도르핀 등은 수십 가지 신경 전달 물질 중의 하나이며, 이러한 신경 전달 물질들은 수면이나 배고픔과 같은 생리적인 차원부터 정서나 기억, 학습 등에 이르는 복잡한 마음의 기능들과도 밀접한 관련이 있다. 어떤 신경 전달 물질이 모자라거나 혹은 과다해지면 편두통이나 불면증부터 알츠하이머병이나 파킨슨병, 조현병이나 우울증에 이르기까지 다양한 증상의 원인이 되기도 한다. 이런 관점에서 우리 마음의 과정은 결국 화학물질의 소통이라고 할 수도 있다. 고통과 기쁨, 심지어 사랑과 기억까지도 모두 화학물질과 관련된 것이다.

미국 켄터키대의 네이든 드월C. Nathan DeWall 박사와 동료들이

2010년 심리학 학술지 〈심리과학〉에 발표한 논문은[29] 우리의 몸(뇌)과 마음의 관계에 대한 재미있는 통찰을 제공하고 있다. 일상생활에서 우리는 몸이 아플 때 진통제를 복용한다. 두통, 치통, 생리통 등 신체적인 고통을 완화하기 위해 진통제에 있는 아세트아미노펜 성분(타이레놀, 게보린, 펜잘, 판피린 등의 주성분으로 해열, 진통 작용을 함)을 복용하는 것이다.

드월과 그의 동료들은 이렇게 신체의 고통을 경감시키는 성분이 마음의 고통도 경감시키는지 실험 연구를 통해 알아보았다. 이들 실험에서는 사회적으로 따돌림을 당해 마음의 상처를 받은 대학생 중에서 진통제를 꾸준히 복용한 집단과 그렇지 않은 집단(위약 집단) 간에 정신적인 고통에서 차이가 있는지를 관찰했다. 과연 신체적 고통과 정신적 고통이 같은 성분의 약물에 의해 줄어들었을까? 실험 결과, 진통제를 복용한 집단은 그렇지 않은 집단에 비해 정신적 고통이 크게 줄었음을 확인할 수 있었다. 정신적 고통은 왕따와 같은 사회적 따돌림에만 국한되는 것은 아니다. 실연해서, 시험에 낙방해서, 사랑하는 친구나 가족을 떠나보내고 우리는 마음의 고통을 느낀다.

우리는 손가락이 아플 때와 발가락이 아플 때 우리 몸의 어느 부분이 아픈지 인지한다. 하지만 아픈 신체 부위가 다르다고 그에 따라 다른 진통제를 먹지는 않는다. 손가락이 아프다고 손가락 진통제가 따로 있고 이가 아프다고 이 진통제가 따로 있는 것이 아니다. 고통도 결국 뇌의 정보처리 결과이고, 고통스러운 신체 부위가 어디든 뇌 영역(배전측 대상피질과 전측 섬엽dorsal anterior cingulate cortex, anterior insula)이 동일하게 활성화된다는 것이다. 이때 흥미로운 점은 왕따를 당하거나 실연의 고통을 느낄 때에도 신체적 고통을 느낄 때와 같은 뇌 영역이 활성화된다. 그리고 진통제 성분은 이들 영역의 신경 반응을 억제해, 결국 신체적 고통이든 정신적 고통이든 고통을 완화하는 효과를 나타내는 것이다. 그러니 적어도 고통에 있어서 몸과 마음은 하나인 셈이다. 하지만 이는 고통에만 속하는 이야기는 아닐 것이다. 모든 마음의 현상은 뇌의 활동 없이는 일어날 수 없다.

그렇다면 뇌의 모든 구조와 활동을 알게 되면 우리 마음을 모두 알 수 있을까? 우리 뇌를 들여다보면, 수많은 뉴런과 시냅스들의 복잡한 조직들이 있고 그 안에서 전기 화학적인 신호들이 끊임없이 일어나는 것을 볼 수 있다. 하지만 활동하는 뇌를 속속들이 현미경으로 들여다봐도 기억에 간직된 어머니의 얼굴과 사랑하는 사람들과의 아름다운 추억들은 찾아볼 수 없다. 머릿속에 분명히 저장되어 있을 우리말 어휘들과 중·고등학교 때 배워서 알고 있는 영어 단어 하나도 뇌 안에서 찾을 수 없다. 뇌만을 들여다보고 뇌만을 연구한다고 해서 우리의 마음을 알 수는 없다는 말이다.

마음을 제대로 이해하기 위해서는 뇌를 들여다 보면서 동시에 우리가 보고 듣고 느끼고 기억하고 행동하는 것들을 함께 관찰해야 한다. 비록 마음이 뇌 안에 있는 수많은 뉴런과 시냅스 그리고 수많은 화학물질로부터 비롯되기는 해도 마음의 현상 자체를 설명하기 위해서는 그것들만으로는 부족하며, 우리가 이해할 수 있는 행동과 마음의 개념들이 필요하다.

뇌와 마음 간의 관계를 연구하면서 느꼈던 뇌의 대표적인 특징 세 가지를 확인해 보겠다. 첫째, 다른 신체 기관에 견주어 보았을 때 뇌는 훨씬 복잡한 기관이다. 약 1000억 개의 뉴런과 1000조 개의 시냅스로 이루어졌으니 말이다. 둘째, 복잡한 정보 처리 기관이다. 끊임없이 외부로부터 정보를 받아들여서 복잡한 처리(정보를 선택하고 압축하고 정교화하고 변형시키고 저장하고 사용)를 수행한다. 마지막으로 수많은 마음의 기능이 뇌 곳곳에 국지적으로 분포되어 있다는 점이다.

우리의 뇌 안에는 말하는 영역, 듣고 이해하는 영역, 보는 영역 등이 각각 존재한다. 심지어 엄지손가락을 움직이게 하는 영역과 그곳에서 촉감을 느끼는 영역도 따로따로 있다. 그리고 손의 감각을 최종 느끼는 곳은 사실 손이 아니라 손을 담당하는 뇌의 감각 영역이다. 아무리 멀쩡한 손이 있어도 손을 담당하는 뇌 영역이 손상되면 우리의 손은 아무것도 느낄 수 없다. 반대로 사고를 당해 손이 없는 사람도 손의 감각을 느낄 수 있다. 이러한 현상을 '환상지phantom limb'라고 하는데, 이는 사고로 손이나 발을 잃은 환자들이 더 이상 존재하지 않는 손가락이나 발가락 부분에서 가려움이나 고통을 호소하는 증상을 말한다. 이유는 간단하다. 그 신체 부위를 담당했던 뇌 영역은 여전히 남아 있기 때문이다. 이처럼 국지화된 수많은 영역은 다시 복잡하게 연결되고 활성화되어 다양한 행동과 심리 현상으로 나타난다.

"자동차가 무엇인가?" 하고 누군가 묻는다면 어떻게 대답해야 할까. 어떤 사람은 자동차의 목적을 살피는 측면에서 자동차는 '한 장소에서 다른 장소로 이동하게 해 주는 운송 수단'이라고 말할 것이다. 또 어떤 사람은 자동차를 움직이게 하는 데 필요한 과정들을 말할 것이다. 연료가 점화되고 폭발하여 상하 피스톤 운동이 회전 운동으로 전환되고, 그 힘으로 바퀴가 굴러가는 등의 이야기이다. 그리고 어떤 사람은 이러한 과정을 가능하게 하는 자동차의 하드웨어나 구조적 측면에서 엔진의 모양이나 합금으로 된 차체와 핸들, 네 개의 바퀴 등을 이야기할지도 모른다. 자동차 하나를 두고도 이렇게 다양한 차원에서 이해하고 이야기할 수 있는데 복잡한 인간의 마음에 대해 설명한다면 얼마나 다양한 대답이 펼쳐질까?

다시 처음의 질문으로 돌아가 생각해 보자. 마음이란 무엇일까? 앞서 자동차가 무엇인지 대답하는 과정에서 세 가지 차원을 거쳐 설명했던 것처럼, 마음도 같은 과정을 통해 이해할 수 있다. 마음의 목적은 무엇이고, 마음은 그 목적을 이루기 위해 어떤 과정을 거쳐 작동하고, 그것이 구현되기 위해 어떤 하드웨어가 필요한

지를 이야기할 수 있다. 물론 여기서 마음의 하드웨어란 뇌일 것이다. 마음의 덩어리가 너무 크다면 그것을 기능별로 나누어 다시 생각해 볼 수 있다. 가령 마음의 중요한 부분 중의 하나인 '기억'을 이해하기 위해, 우리는 기억의 목적이 무엇이고, 기억이 그 목적을 이루기 위해 어떤 과정을 거쳐 형성되고 유지되고 사용되는지, 그리고 기억을 담당하는 하드웨어의 특성 등을 연구할 수 있다.

이렇게 어떤 대상을 연구하고자 할 때, 그 대상의 목적, 과정 혹은 알고리즘, 그리고 하드웨어적인 측면까지도 다양한 수준에서 연구하고 이해할 수 있다. 기억과 관련된 신경 전달 물질 수준부터 기억의 신경망과 이들이 연결된 광범위한 뇌 영역 수준까지 인간의 다양한 기억 현상들을 연구할 수 있다. 마음에 대해 생각하는 과정에서 자연스레 이러한 질문까지 떠오르게 될 것이다. 그렇다면 인간이란 어떤 존재일까?

앞서 인간의 마음을 화학물질 수준에서 이야기한 것에 대해 어떤 사람은 인간의 고귀한 마음을 물질로 환원해 단순화하고 심지어 인간의 존엄을 무시한다고 느낄지도 모른다. 하지만 화학물질 수준도 마음의 하드웨어인 뇌를 이해하기 위한 여러 수준 중 하나이며 분명히 우리가 간과해서는 안 되는 중요한 수준이다. 하나의 뉴런 내부에서 일어나는 전기 화학적 변화부터, 뉴런과 뉴런이 만나는 시냅스에서 일어나는 신경 전달 물질을 통한 정보 전달, 그리고 수많은 뉴런이 신경망을 형성하면서 처리하는 정보들과 이런 망들이 모여 특정한 뇌 영역에서 담당하는 마음의 기능들, 더 나아가 이들 영역이 서로 연결되어 보다 광범위한 뇌 영역에서 일어나는 복잡한 마음의 현상에 이르기까지, 마음은 화학 분자 수준부터 커다란 뇌 영역 수준까지 다양한 수준에서 이해가 가능하다. 나아가 우리의 마음은 개인적인 차원뿐 아니라 집단과 사회, 문화적 수준에서도 이해할 수 있다. 우리의 마음은 그렇게 다차원적이다.

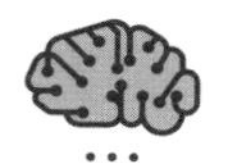

두 개의 뇌, 두 개의 마음

'오른손이 하는 일을 왼손이 모르게 하라'는 성경(마태복음)의 구절은 기독교인이 아니더라도 한 번쯤은 들어 보았을 것이다. 어린 시절에는 이 이야기를 듣고, 어떻게 자신의 오른손이 하는 일을 왼손이 모를 수 있을까 하는 의문을 가지기도 했다. 그 의문은 오래가지 않았다. 그만큼 남을 돕는 일을 할 때에는 다른 사람이 알지 못하게 은밀하게 해야 한다는 뜻이겠거니 하며 말뜻을 받아들이고 넘어갔다.

사실 오른손이 하는 일은 왼손이 알 수 없다. 더 정확하게 말하자면 오른손이나 왼손은 무엇을 알 수 있는 주체가 아니다. 오른손과 왼손은 그 신체를 담당하는 뇌에 감각 정보를 전달하고 뇌의 명령에 따라 움직일 뿐이다.

뇌는 좌반구와 우반구로 나뉘어 있다. 좌반구는 우리 신체의 오른쪽을, 우반구는 신체의 왼쪽을 담당한다. 오른손이나 오른발은 그곳을 담당하는 좌뇌의 특정 부위가 제대로 작동해야 정상적으로 감각을 느끼고 움직일 수 있으며, 왼손이나 왼발 역시 그곳을 담당하는 우뇌의 특정 영역에 이상이 없어야 감각이나 운동에 문제가 생기지 않는다. 좌뇌와 우뇌 각각에 우리 신체의 감각과 운동을 담당하는 영역도 따로 있어서, 가령 좌뇌의 손 감각을 담당하는 영역이 손상되면 오른손 감각을 잃게 되고, 우뇌의 손 운동 영역이 손상되면 감각은 있어도 왼손을 제대로 움직일 수 없다.

오른손을 좌뇌가 담당하고 있어도 우뇌 역시 오른손이 하는 일을 알 수 있는데, 그 이유는 우리 뇌의 좌반구와 우반구가 뇌량腦梁, corpus callosum을 비롯한 신경섬유를 통해 정보를 주고받기 때문이다. 만일 좌반구와 우반구를 연결하는 다리 역할을 하는 뇌량이 끊어진다면 어떤 일이 일어날까? 분리된 두 반구가 의사소통하지 못한다면, 한 사람 안에 두 개의 마음이 각기 다른 생각을 하게 될까?

과거에는 간질이라고도 불린 심한 뇌전증을 치료하는 방법으로, 뇌의 한 영역에서 시작된 발작이 전체로 확산되는 것을 막기 위해 뇌량을 절제하는 외과 수술을 해 왔다. 이는 발작 증세가 시작되어 의식을 잃고 경련을 일으키는 경우, 뇌세포의 손상은 물론 계단을 올라가거나 운전을 하는 등의 일상생활에서 위험한 상황이 발생하는 것을 막기 위함이다. 이렇게 뇌량 절제술을 받은 대다수 환자는 병의 증상이 완화되었음은 물론 일상생활을 지내는 데에도 문제가 거의 없는 것으로 보고되었다. 하지만 수술 이후에 보이는 특별한 행동상의 변화는 대뇌반구의 기능 분화와 의식에 관해 많은 시사점을 제공한다. 신경심리학자이자 인지신경과학자인 로저 스페리Roger Sperry와 그의 제자인 마이클 가자니가Michael Gazzaniga 교수는 좌뇌와 우뇌가 분리된 환자를 대상으로 많은 연구를 수행했고, 스페리 교수는 그 공로를[30] 인정받아 1981년 노벨상을 수상한 바 있다.

분리 뇌 환자에 대해 연구한 결과는 우리 마음과 뇌를 이해하는 데 깊은 통찰을 제공한다. 여기서 간략하게나마 그 내용을 소개하고자 한다. 이러한 연구 결과를 이해하려면 우선 뇌의 정보처리 과정에 대해 조금 더 이해해야 한다. 신체의 오른쪽을 좌뇌가 담당하고 왼쪽을 우뇌가 담당하는 것처럼, 시각 정보 역시 좌우가 교체되어 처리되고 있다. 우리가 어떤 장면을 볼 때 응시하는 지점을 기준으로 왼쪽에 보이는 장면은 뇌의 우반구로 전달되고 오른쪽에 보이는 장면은 뇌의 좌반구로 전달된다.

가령 여러분이 거울을 통해 자신의 얼굴을 보는 상황을 생각해 보자. 자신의 코(얼굴 중심)를 보고 있다면 거울에서 왼쪽에 비친 여러분의 왼쪽 얼굴의 모습은 우뇌로 들어가고 오른쪽 얼굴은 좌뇌로 들어간다. 참고로 자신의 사진 얼굴은 우리가 늘 보는 자신의 거울 모습과는 좌우가 반전된 모습이기 때문에 느낌이 다를 수밖에 없다. 대부분 우리의 왼쪽 얼굴과 오른쪽 얼굴은 완전히 대칭이 아니어서 거울에서 보는 나의 얼굴은 사진 속 얼굴과 느낌이 다를 수밖에 없다. 더욱이 우리의 좌뇌와 우뇌가 시각 정보를 처리하는 방식도 차이가 있어서 좌뇌는 자세한 모양에, 우뇌는 전체적인 형태 인식에 좀 더 특화되어 있다. 마치 우뇌는 숲을 보고 좌뇌는 나무를 보는 것처럼 이해할 수 있다.

해변을 찍은 사진 두 장이 있다. 사실 이들 사진은 하나의 사진이 좌우 반전된 것뿐이다. 어떤 사진을 볼 때 느낌이 더 좋은가? 하나의 사진이 다른 사진보다 느낌이 더 좋다면 그 이유는 우리 뇌의 좌반구와 우반구에 각기 다른 정보가 전달되어 달리 처리되기 때문이다. 왼쪽에 바다가 보이는 사진이 더 좋다고 느낀다면, 탁 트인 바다의 전체적 장면이 여러분 우뇌로 전달되는 것이 그 반대의 경우보다 선호되기 때문이다. 아무튼, 우리가 보는 좌우의 장면이 각기 반대쪽 뇌 반구로 전달된다는 사실을 먼저 이해하는 것이 중요하다.

분리 뇌 환자 실험을 이해하기에 앞서 반드시 알아야 하는 사전 정보가 있다. 우리의 행동을 관여하는 여러 기능이 뇌의 영역에 따라 독립적으로 분화되어 있다는 점이다. 가령 말을 하는 기능을 담당하는 뇌의 부분을 '브로카 영역'이라고 하며, 이는 좌뇌의 앞쪽 전두엽 부분에 있다. 브로카 영역이 손상되면 아무리 발성 기관이 온전하고 청력이 좋아도 제대로 말하지 못하는 언어 장애를

• 해변 사진

일으킨다. 이를 브로카 실어증이라고 한다. 또 말을 듣고 이해하는 기능은 뇌의 '베르니케 영역'에서 담당하는데, 이는 좌뇌의 옆쪽 측두엽 부분에 있다. 베르니케 영역이 손상된 베르니케 실어증에서는 다른 사람이 하는 말을 이해하지 못한다.

특히 뇌 영역이 손상되어 나타나는 언어 장애는 음성 언어뿐 아니라 수화 언어에서도 마찬가지로 나타난다. 수화로 의사소통하는 청각장애인도 브로카 영역이 손상되면 다른 동작에는 전혀 문제가 없어도 수화 동작을 제대로 구사하지 못한다. 또 언어를 이해하는 베르니케 영역이 손상되면 다른 사람의 수화 동작을 보고도 이해하지 못한다. 우리 뇌에는 언어 산출과 언어 이해를 담당하는 언어 특정적 영역들이 따로 존재하는 것이다. 그리고 이런 뇌 영역은 대부분 좌뇌에 편재되어 있다.

이제 좌우 반구가 분리된 환자의 얘기로 돌아가 보자. 이 환자의 왼쪽 시야에 '사과'라는 단어와 오른쪽 시야에 '포도'라는 단어를 동시에 보여 주고 무엇을 보았는지 물어보면 뭐라 답할까? 뇌량이 온전한 사람들은 당연히 사과와 포도를 봤다고 답할 것이다. 하지만 분리 뇌 환자들은 포도를 봤다고만 답한다. 이유는 간단하다. 앞서 설명한 대로 우측 시야에 제시된 포도라는 단어가 좌뇌에서 인식되며, 역시 좌뇌에서 대답까지 관여하기 때문이다. 우뇌로 들어간 사과라는 단어를, 비록 우뇌는 알고 있어도 말로 표현하지 못하기 때문에 우뇌는 침묵할 수밖에 없다.

같은 상황에서 여러 과일을 앞에 두고, 눈으로 보았던 단어가 가리키는 과일을 골라 보라고 하면, 좌뇌가 담당하는 오른손은 포도를 잡을 것이고 우뇌가 담당하는 왼손은 사과를 잡을 것이다. 우뇌도 말을 못할 뿐 사과를 봤다는 것을 알고 있는 것이다. 하지만 왜 사과를 잡았는지 물어본다면 어떻게 될까? 말을 하는 좌뇌는 왼손이 왜 사과를 잡았는지 알 수 없어서 아마도 그럴듯한 이유를 만들어 낼 것이다. 가령, '사과-포도 주스가 생각나서 그랬다'고 말이다.

다음은 가자니가 교수가 했던 유명한 실험이다.[31] 분리 뇌 환자에게 오른쪽 시야(좌뇌)에는 닭발 그림을, 왼쪽 시야(우뇌)에는 눈이 많이 내린 장면을 보여 주면서 여러 그림 중 관련 있는 그림들을 손으로 고르도록 했는데, 오른손(좌뇌)으로는 닭 머리 그림을, 왼손(우뇌)으로는 눈을 치우는 삽을 골랐다. 즉, 좌우 각 뇌는 인식하게 된 장면을 제대로 이해하고 관련된 그림을 고른 것이다. 하지만 왜 그런 그림을 골랐는지 물어보면 분리 뇌 환자의 말을

•—— **분리 뇌 실험**

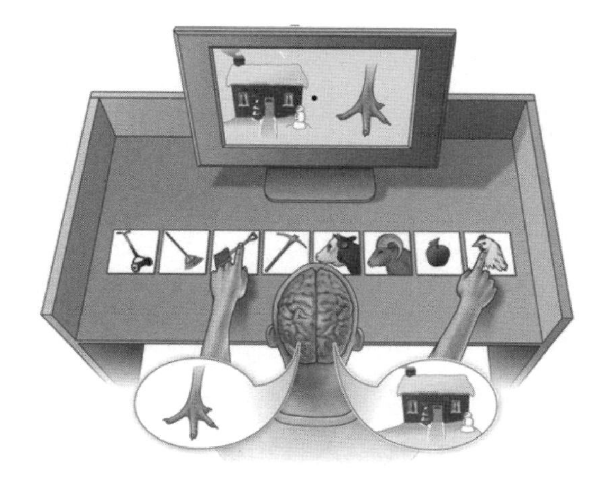

하는 좌뇌는 좌뇌로 들어온 정보에 대해서는 쉽게 이야기한다. "닭발이 보였으니까 닭 머리를 골랐습니다" 하고 말이다. 그런데 우뇌로 들어온 정보에 대해서 알 수 없으니, 좌뇌는 "닭장을 치우려면 삽이 필요하잖아요" 같은 그럴듯한 이유를 만들어 말하게 된다.

비슷한 실험으로, 분리 뇌 환자의 왼쪽 시야(우뇌)에 "웃어요(Laugh)"라는 단어를 보여 주면 환자가 웃는 행동을 보이는데, 왜 웃냐고 물어보면 말을 하는 좌뇌는 그 단어를 봤다는 것을 모르기 때문에 다시 이야기를 만들게 된다. 가령, "그냥 당신들이 대단한 것 같아서요. 하하" 우뇌에서 일어난 일을 알지 못하는 좌뇌는 이처럼 보이는 행동이나 사건들, 의식할 수 있는 맥락 정보 등을 이용해 자신의 행동이나 상황을 해석하려 한다. 이 과정에서 이야기를 지어내는 '작화confabulation'를 하게 되는데, 본인도 이것이 작화인지 인식하지 못한다는 점을 확인할 수 있다.

분리 뇌 환자의 일상생활은 대부분 큰 문제가 없다. 일상적으로 눈이나 머리는 좌우로 움직이면서 많은 시각 정보가 좌뇌로도 들어가고 우뇌로도 들어간다. 신체의 정보들도 뇌량 이외의 다른 경로들을 통해 양반구로 들어가서 좌우 손발이 잘 협응해 걷거나 물건을 두 손으로 조작하는 데 별문제를 보이지 않는다. 하지만 가끔 분리 뇌 환자의 이상한 행동들이 보고되기도 하는데, 한쪽 손은 불쌍한 노숙자에게 돈을 주려고 하는데 다른 손이 주지 못하게 막는 행동을 보이기도 하고, 게임에서 졌을 때 말로는 괜찮다고 하면서(좌뇌) 왼손으로 탁자를 내려치는 행동을 보이기도 한다. 심지어 한쪽 뇌는 신을 믿는데 다른 쪽 뇌는 신을 믿지 않기도 한다.

분리 뇌 환자가 보이는 이러한 행동들이 다소 이상하게 보이기는 하지만, 사실 뇌량으로 좌우 뇌가 정상적으로 소통하는 정상인이라 해도 뇌의 각 영역이 하는 일은 다르지 않다. 누군가를 도와주고 싶은 마음과 도와주기 어렵다는 생각이 공존하고, 화를 내고 싶은 생각도 있지만 참아야 한다는 생각도 있다. 여러 가지 마음과 생각들이 있지만, 이들이 서로 소통하며 상황에 따라 비교적 일관된 행동을 드러내는 것뿐이다.

더욱이 뇌량이 온전하다고 해도 자신의 행동을 의식적으로 해석하는 뇌 영역이 뇌의 자동적이고 무의식적인 정보처리를 모두 알 수는 없다. 의식적으로 접근 불가능한 무의식적 학습이나 기억, 습관은 눈에 보이는 이유가 아닌 뇌에 저장된 정보에 의해 우리의 행동을 유발한다. 또 우리는 분리 뇌 환자의 작화처럼 이유 아닌 이유로 자신의 행동을 잘못 해석할 수 있다. 어떤 대상이 두려운 이유, 누군가가 좋거나 혹은 싫은 이유, 뭔가를 하고 싶거나 혹은 하기 싫은 이유, 우리가 각자 의식적으로 열심히 생각하는 그 이유의 이면에는 과거 경험에 의해 구축된 단순한 뇌의 작용 그 이상도 그 이하도 아님을 깨닫는 것이 중요하다. 이유 아닌 이유로 작화를 계속하게 되면 거짓된 믿음이 공고화되어 스스로를 기만하는 우를 범할 수 있기 때문이다.

04

마음의 선택 회로와 기억 저장 방식

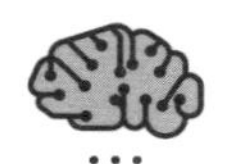

마음의 스포트라이트 '주의'

앞서 몇 차례 이야기했듯이 인간의 마음은 정보처리 과정으로 이해할 수 있다. 우리의 감각기관이 시각 정보, 청각 정보, 촉각 정보 등 외부의 다양한 정보를 선택하고, 변형하고, 저장하고, 사용하는 일련의 과정이 바로 우리 마음이 작동하는 과정이다.

이러한 마음을 담당하는 신체 기관이 바로 뇌다. 감각기관에는 지금도 매 순간 수많은 정보가 입력되는데, 뇌가 그 모든 정보를 다 받아들여 인식하고 저장하는 데에는 한계가 있다. 주변으로부터 들려오는 각종 소음, 눈으로 들어오는 각종 빛의 변화나 무의미한 패턴들, 신체 구석구석에서 들어오는 모든 감각을 뇌가 모두 처리해 저장(기억)하는 것은 엄청난 부담을 갖게 하는 것이다. 따라서 감각기관으로 들어오는 정보 중에 중요하거나 필요한 정보들은 선택해서 받아들이고, 그렇지 않은 정보는 걸러내는 '주의attention'가 필요하다.

여러 사람이 서로 대화하는 회식 자리에서 옆 사람의 말에 주의를 기울이다 보면 바로 앞자리의 다른 사람이 하는 얘기는 전혀 인식할 수 없게 된다. 마찬가지로 강의실에서 옆 사람과 소곤거리며 대화하는 동안에는 앞에서 크게 말하고 있는 교수의 강의 내용 역시 전혀 인식할 수 없다. 귀는 늘 열려 있고, 소리 정보는 사방에서 끊임없이 들어오고 있지만, 오직 주의를 기울인 정보만이 의미 있게 해석·인식되는 것이다. 청각뿐 아니라 시각적인 정보의 선택 기준 역시 비슷한 방식으로 작동한다. 우리가 어떤 시각적 대상에 주의를 기울이고 있다면 주의를 받지 못한 주변의 시각적 정보들은 의식에서 사라질 수 있다.

1999년에 미국의 심리학자인 사이먼스Daniel Simons와 차브리스Christopher Chabris는 흥미로운 실험을 학술지에 게재하였고, 이들의 연구는 이후 '보이지 않는 고릴라The Invisible Gorilla'라는[32] 이름으로 소개되었다. 이들의 실험에서, 흰 옷과 검은 옷을 입은 학생들이 두 팀으로 나뉘어 같은 색 옷을 입은 학생들끼리 농구공을 패스하는 장면이 담긴 동영상을 실험 참가자들에게 보여 주었다. 그리고 흰 옷을 입은 팀 선수들의 패스 횟수만 세어 달라고 과제를 주었다. 1분 남짓한 영상 동안 참가자들은 집중해서 패스 횟수를 세었다. 하지만 이때 실험에 숨은 비밀은 따로 있었다. 실험 참가자들에게 보여 준 동영상 중간에 고릴라 의상을 입은 학생이 경기장으로 걸어 나온다. 그리고 가슴을 치고 퇴장하는 장면이 9초가량 등장한 것이다. 흥미로운 점은 패스 횟수를 세느라 집중한 나머지 실험에 참가한 사람들 중 절반 정도가 고릴라가 등장했다는 사실을 전혀 인지하지 못한다는 것이다.

눈앞에서 일어나는 시각적 정보들도 우리가 주의를 기울이지 않으면 볼 수 없음을 보여 주는 연구이다. 이러한 현상을 인지심리학자들은 '무주의 맹시inattentional blindness'라고 부른다. 마치 앞을 보지 못하는 것처럼 아무리 눈을 뜨고 보고 있어도 주의에 의해 선택되지 않은 정보들은 우리의 의식 수준까지 이르지 못한다는 것이다.

'주의'에 의해 선택되지 않은 정보를 의식할 수 없다는 연구 결과는 일상생활에서 매우 중요한 시사점을 준다. 앞에서 벌어지는 일들을 듣고 있고, 보고 있다고 해도 주의하지 않으면 놓치는 일은 언제든 일어날 수 있다. 마술사의 손이 눈보다 빨라서 우리는 마술사의 트릭을 의식할 수 없고, 주의가 다른 곳에 있는 틈을 노려 소매치기가 당신의 지갑을 가져가는 일도 쉽게 일어날 수 있다. 사람들의 주의를 다른 곳으로 돌려 감추고 싶은 비리나 실정을 국민이 눈치채지 못하게 할 수도 있다.

정보의 홍수 속에서 필요한 것만 받아들이는 '주의'를 생각해야 한다. 주의를 통해 우리는 무엇인가를 찾고, 경계를 하고, 특정한 대상에 초점을 맞추기도 한다. 주의는 이동 가능하며, 분할 가능하다. 자동차를 처음 운전하는 사람은 온통 운전에 주의를 집중하지만 운전에 익숙해지면 주변의 풍경도 눈에 들어오고 라디오에서 흘러나오는 음악도 감상할 수 있다. 그렇다고 운전 중에 스마트폰을 보거나 통화에 주의를 뺏기면 운전 주행에 사용할 주의 자원을 뺏겨서 위험해지거나 목적했던 경로에서 벗어날 수 있다. 주의를 더 많이 기울인 정보들이 기억도 잘된다. 같은 강의실에 앉아 있어도 주의를 다른 곳에 두고 다른 생각을 한다면 강의실에 앉아 있을 필요가 없다.

통상 주의를 기울이면 우리가 그것을 자각하고 의식하게 되지만, 그렇다고 주의와 의식이 항상 같이 가는 것은 아니다. 전혀 의식할 수 없는 상태에서도 정보의 선택은 일어날 수 있다. 많은 인지심리학 연구는 의식하기 위해서 주의가 필수적이지만, 주의에 의해 정보의 선택이 일어난다고 모두 의식하는 것은 아님을 보여주고 있다. 우리 뇌의 시각 정보를 처리하는 경로 중에 후두엽에서 두정엽으로 가는 경로가 손상되면 이 영역이 담당하는 시야가 의식에서 사라지는 시각적 무시증visual neglect이 나타난다.

나는 2000년대 초반 캘리포니아대 로버트슨Lynn Robertson 교수와 함께 이러한 환자에게도 의식에서 사라진 시야에서 시각적인 주의가 작동함을 실험을 통해 밝힌 바 있다.[33] 이뿐만 아니라 최근 연구실에서 수행한 다양한 실험에서 참가자들이 전혀 의식할 수 없는 다양한 규칙을 학습해 그 규칙에 따라 시각적 주의가 이동한다는 것을 밝힌 바 있다.[34] 우리의 주의는 의식적인 요인들뿐 아니라 무의식적으로도 이동하고 작동하는 것이다.

우리의 주의는 크게 세 가지 방식으로 작동한다. 첫 번째는 외부의 감각 자극이 두드러져서 순전히 그 자극의 특성으로 인해 주의가 그쪽으로 향하는 경우인데, 가령 주변에 큰 소리가 나거나 혹은 갑자기 어떤 물체가 나타나면 우리의 주의는 의사와는 상관없이 그 자극에 주의를 빼앗기게 된다. 이러한 주의를 상향적bottom-up 주의, 혹은 비자발적 주의, 또는 외인성 주의라고 부른다. 우리의 의도와는 상관없이 주의를 포획해가는 방식이다.

갑작스러운 소리나 물체의 출현은 주의를 포획해 위기 상황에 빠르게 대처할 수 있게 도와준다. 위급한 상황에서 비상구 표시가 번쩍거린다면 사람들의 주의를 자동으로 끌어 비상구를 향해 대피할 수 있게 한다. 하지만 도로에 번쩍번쩍 현란한 전광판 광고는 비록 광고주 입장에서는 광고 효과가 크겠지만, 운전자의 주의를 빼앗아 운전에 위험 요소로 작용할 수 있으며 법적 제한이 필요한 이유가 될 수 있다.

두 번째 주의 작동 방식은 우리가 어떤 목적이나 의도, 동기, 계획 등을 가지고 특정한 정보에 주의를 기울이는 경우인데, 이를 하향적top-down, 혹은 자발적 주의 또는 내인성 주의라고 부른다. 많은 사람이 대화하는 소란한 공간에서도 우리는 누군가가 하는 이야기에 의도적으로 주의를 기울일 수 있고, 복잡한 거리에서 누군가를 찾거나 그 사람이 다른 사람 틈으로 이동하는 것을 따라 주의를 이동할 수도 있다. 어떤 장소에 누군가가 나타날 가능성이 높다는 것을 알고 있다면 우리는 그 사람을 찾기 위해 그곳을 유심히 볼 것이다. 우리가 갖고 있는 지식이나 의도에 의해 하향적 주의가 작동하고 있는 것이다.

최근 연구에서는 우리가 어떤 생각을 하고 있으면 그 생각의 내용과 부합하는 대상들로 주의가 이동되는 것을 보여 준다.[35] 가령 여러분이 붉은색을 머릿속에 떠올리면 주변의 붉은색 물체들이 더 쉽게 주의를 끌게 되고 파란색을 생각하면 주변의 파란 물체들이 여러분의 주의를 끌게 된다. 배가 고파서 먹을 것을 생각하면 다른 사물들보다 음식이나 음식 사진들이 주의를 끌게 되고, 누군가를 생각하면 그 사람이나 그 사람과 유사한 사람이 더 쉽게 주의를 받게 된다.

어떤 생각을 많이 하느냐는 그 생각과 관련된 정보들에 대해 더 많은 주의를 기울이게 만든다. 또 그 정보들이 다른 정보들보다 더 많이 선택되고 저장(기억)되면서 결국 사람들 간의 다양한 개성과 견해차도 만들 수 있다. 이것이 바로 생각의 순환 구조며, 평상시에 어떤 생각을 주로 하고 어떤 정보에 많이 노출되는지가 중요한 이유다.

주의가 작동하는 세 번째 방식은 우리가 그동안 반복적으로 경험하고 학습한 규칙이나 확률에 근거해 자동적으로 주의가 향하는 경우인데, 이러한 종류의 주의를 습관적habitual 주의라고 부른다. 특히 이 주의는 무의식적으로 발현되고, 한번 학습되면 쉽게 사라지지 않는 특성을 지닌다.

습관적 주의에 대한 연구는 비교적 최근에 활발히 이뤄지고 있는데, 가령 모니터 화면 어딘가에(가령 우측 상단) 찾으려고 하는 대상이 자주 나타난다면 그 대상이 얼마나 자주 그 위치에 나타났는지 전혀 의식하지 못해도 그 위치로 시각적인 주의가 향하게 된다. 일단 이러한 경험이 반복되면 더 이상 그 대상이 그 위치에 자주 나타나지 않아도 주의가 그 특정 위치로 쉽게 향하는 일이 지속된다.[36] 이러한 발견은 비단 시각에만 국한되는 것이 아니다. 일상적으로 하는 많은 행동이나 판단 중에는 과거에 반복된 경험에 의해 무의식적이고 자동적으로 우선 선택하는 정보들이 있을 것이다. 이러한 습관적 주의는 고정된 환경에서 우리의 행동에 효율성을 제공하고 적응에 도움이 될 수 있다. 평생 변하지 않는 좋은 정보라면 반복된 경험을 통해 습관적 주의가 형성되게 하는 것이 좋을 것이다.

상황에 따라 가변적인 정보라면 어떻게 해야 하나? 과거의 가치가 현시점에서 유지되는 것도 있지만 그렇지 않은 것도 비일비재하다. 환경이 변화하면 낡은 유물로 남아 '나 때는 말이야'를 남용할 수도 있다. 변화된 환경에서 이미 굳어져서 변화에 저항하는 우리의 습관적 주의는 무엇인가? 비록 무의식적으로 작동하기 때문에 자각하기 힘들다고 해도 만일 어떤 행동이 지속적으로 부정적 결과를 나타내고 예전 같지 않다면 우리는 객관적 데이터에 근거해 서서히 행동을 바꿔 보려는 노력을 해야 한다. 이러한 노력은 마음먹는 것만으로는 성공하기 어렵고, 상황을 바꿔 새로운 경험을 하는 것으로 시작하는 게 좋다.

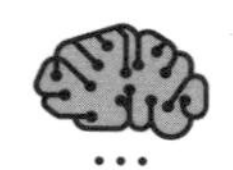

기억의 두 얼굴: 의식과 무의식

기억은 무엇인가? 우리에게 기억이 없다면 어떻게 될까? 기억은 단일 체계인가 아니면 여러 종류의 기억이 있는가? 망각은 어떻게 일어나는가? 어떻게 하면 기억력을 잘 유지하고 향상할 수 있을까? 좋지 않은 기억을 없앨 방법이 있을까? 인지심리학자들은 기억과 관련한 수많은 질문을 해 왔고, 지금도 과학적인 연구는 끊임없이 이어오고 있다. 기억이란 우리 마음의 매우 중요한 부분을 차지한다. 정보처리 과정 중에서 주로 정보를 저장하고 인출하는 기능과 깊은 관련이 있다.

보통 사람들에게도 기억은 흥미로운 관심 주제이다. 기억을 소재로 한 수많은 문학과 예술 작품들이 이를 증명한다. 인지심리학에서는 정보처리 과정을 다루게 된다. 인간의 정보처리 과정에서 정보가 저장되는 것이 곧 기억이다. 저장되는 과정에서 정보는 변형되고, 감축되고, 정교화되기도 한다. 기억이 복원되는 과정에서도 마찬가지의 일을 겪을 수 있다.

오늘 아침 식사 메뉴로 무엇을 먹었는가? 식사를 마치고 5분 이상 지났음에도 무엇을 먹었는지 기억하고 있다면 식사와 관련된 정보는 당신의 '장기기억' 창고에 저장된 것이다. 당신은 어제저녁 식사로 무엇을 먹었는가? 이 또한 대부분 사람이 어렵지 않게 기억해 낼 수 있다. 이때의 정보 역시 장기기억에 저장되어 있다가 인출된 결과이다. 그렇다면 일주일 전 혹은 한 달 전 저녁에 무엇을 먹었는지 기억이 나는가? 이 질문을 받고 쉽게 대답할 수 있는 사람은 많지 않다. 그날이 생일이거나 혹은 큰 행사 등이 있어서 기억할 만한 날이 아니라면 더욱 어려워진다.

오늘 아침 식사 메뉴도 장기기억에 저장되고 한 달 전 저녁 메뉴도 장기기억에 저장된 것인데 왜 오늘 아침 식사는 쉽게 기억이 나고 한 달 전 저녁 메뉴는 기억이 잘 나지 않는 것일까?

인지심리학자들은 우리가 어떤 일을 경험한 뒤 그 일을 더 이상 생각하지 않은 채 2~3분 지난 후에도 기억할 수 있다면 그 일은 이미 장기기억에 저장된 것이라고 가정한다. 친구에게 전화를 걸기 위해 전화번호를 찾아보니 '010-3702-xxxx'인 것을 보고 번호를 머릿속에서 계속 되뇌며 휴대전화로 전화를 거는 상황을 생각해 보자. 잠시 동안 저장하는 기억을 심리학자들은 '단기기억'이라고 부른다. 참고로, 단기기억에는 통상 5개에서 9개 정도의 항목을 저장할 수 있고,[37] 말로 표현할 수 없는 대상은 서너 개 정도만 저장할 수 있다.[38] 단기기억에 저장된 번호로 전화를 걸어 몇 분간 대화하고 전화를 끊고 나면 조금 전 전화번호가 무엇인지 대부분 기억하지 못한다. 그 전화번호는 단기기억에만 있다가 결국 장기기억으로 넘어가지 못한 것이다.

어떤 정보가 장기기억으로 넘어갔는지 아닌지는 몇 분 동안 다른 생각을 하고 나서도 그 정보를 기억해 낼 수 있는지를 보면 된다. 일단 장기기억에 저장된 정보들은 쉽게 사라지지 않는다. 며칠 전 저녁에 무엇을 먹었는지 잘 기억이 나지 않는데 쉽게 사라지지 않는다는 것이 이해가 안 될 수도 있다. 며칠 전 저녁에 먹은 것을 한두 시간 지난 그날 밤에 기억해 보라면 쉽게 기억했을 것이고 그렇다면 그 전에 식사한 내용이 모두 장기기억에 저장되어 있을 것이다. 그것이 쉽게 사라지지 않았다면 며칠 전 먹은 저녁뿐 아니라 한 달 전, 일 년 전 먹은 것도 모두 기억나야 하는 것 아니냐고 묻고 싶을 것이다. 사라진 것이 아니라면 왜 기억이 나지 않는 것일까?

일단 그 대답을 하기 전에 우리의 기억 과정을 간단하게라도 이해할 필요가 있다. 기억 과정은 마치 은행에 돈을 맡겼다가 찾는 과정에 비교해 생각할 수 있다. 은행에서는 우선 한화든 달러든 '입금'하는 단계가 필요하고 그 이후에 '저장'하고, 마지막으로 '인출'

하는 단계를 거친다. 마찬가지로 기억 과정에서도 들어오는 정보를 부호화(입금에 해당)하고 저장하고, 인출하는 단계가 필요하다.

은행의 입금 단계에서 한화 통장이라면 미국 달러나 중국 위안화가 들어와도 일단 한화로 바꾸어 입금하는 것처럼, 기억 과정의 '입금' 단계는 본 것이든 들은 것이든 기억 자료를 우선 '부호화'하는 단계가 필요하다.

앞서 친구의 전화번호 '010-3702-xxxx'를 외우려고 할 때 일반적으로 우리는 시각적인 모양 정보를 청각적인 부호로 바꾸는 작업을 한다. 이를 '부호화' 단계라고 부른다. 사람 얼굴이나 말로 표현하기 어려운 모양을 기억해야 하는 경우는 청각 부호화가 어렵기 때문에 시각 부호화를 사용하기도 한다. 혹은 앞서 3702 입력 정보에 대해 어떤 이는 '삼칠공이'라는 단순한 청각 부호에서 더 나아가 자신의 삼촌이 소유한 공이라 생각하면서 '삼촌공이'라는 의미적 부호화를 시도할 수도 있다.

이렇게 청각, 시각 혹은 의미 부호화된 정보들은 기억에 저장되었다가 나중에 필요할 때 인출되어 사용된다. 물론 불필요할 때도 저절로 인출되기도 한다. 가끔 어떤 광고 노래의 일부가 온종일 떠올라 성가신 경험을 하기도 한다. 본인이 원하지도 않는데 어떤 기억이 자꾸 떠오르는 현상은 저장된 일련의 정보들이 자동으로 인출되어 생존에 매우 중요한 역할을 하는 메커니즘의 작동으로 인한 하나의 부작용side effect이라고 생각하면 된다. 만일 어떤 노래가 계속 떠올라 성가시고 짜증이 난다면 다른 노래를 생각해서 경쟁을 일으키면 기억 속의 자동 재생이 좀 더 일찍 사라질 수 있다.

부호화 과정을 거쳐 저장된 기억 정보라고 해도, 그 정보를 인출하지 못하면 기억해 낼 수 없다. 일주일 전, 한 달 전 저녁 식사에서 먹었던 음식이 잘 기억나지 않는 이유도 마찬가지이다. 장기기억 저장소에서 사라졌다기보다는 저장된 정보를 제대로 인출하지 못했기 때문이다. 은행에 넣어 둔 예금을 인출하기 위해서는 비밀번호를 알아야 하는 것처럼 저장된 기억 정보를 인출하기 위해서도 그와 관련된 단서가 필요하다.

대형 서점에서 특정 책을 한 권 찾아서 사야 하는 상황을 생각해 보자. 어떤 책을 찾으려면 먼저 그 책이 보관된 구역과 책장 번호를 알아야 한다. 하지만 앞서 그 책을 살펴보았던 누군가가 엉뚱한 곳에 책을 놓아두었다면 어떻게 될까. 그 책이 서점 어딘가에는 있지만, 그 책을 찾기가 너무도 어려운 일이 되어 버리는 것이다. 마찬가지로 비록 장기기억에 저장된 기억 정보라고 해도 그 정보가 어디에 있는지 몰라서 인출하지 못하는 경우가 많다. 만일 한 달 전 일정표를 보니 친한 친구 생일이었고 그날 저녁 식사를 위해 어디에 있었는지를 알게 된다면 여러분은 친구와 무엇을 먹었는지 쉽게 기억해 낼 수 있을 것이다. '친구의 생일'이라는 기억의 단서가 제공되었기 때문이다. 이처럼 장기기억의 망각은 대부분 인출 실패 때문에 일어난다.

따라서 기억을 잘하기 위해서는 다양한 단서를 이용하는 전략이 필요하다. 또한 처음 기억을 하는 과정에서 부호화할 때, 단순한 청각 부호화보다 의미 부호화를 하는 것이 더욱 깊은 기억 흔적을 남기는 전략이기도 하다. 물론 인출도 쉽게 일어난다.

지금까지 언급한 기억은 어제 누구를 만났고, 어떤 뉴스가 있었고, 외웠던 영어 단어가 무엇이었는지 등 대부분 자신이 의식적으로 경험한 사건들과 관련된 기억이다. 인지심리학자들은 이러한 기억을 '일화기억'이라고 부른다. 우리가 나이를 먹으면 몸이 노화되는 것처럼 일화 기억력도 서서히 떨어지는 것이 일반적이며 지극히 정상적인 일이다. 사건에 대한 기억과 더불어 세상에 대한 일반적인 지식을 '사실 기억'이라고 부른다. 사과의 모양을 보고 사과인지 아는 것, 하루에 낮과 밤이 있고, 하루가 24시간, 일주일이 7일이라는 것을 아는 것도 모두 사실 기억이다. 사건과 사실에 대한 기억은 우리가 의식할 수 있고 그것을 인출할 때 의식적 접근이 가능하여 이를 통칭하여 외현적 기억 혹은 의식적 기억이라 부른다. 그러나 이 같은 의식적인 기억만 있는 것이 아니다. 오히려 나이를 먹어도 그 기능이 떨어지지 않고, 생존에 큰 영향을 주는 중요한 또 다른 기억 시스템이 있다.

의식적으로 인지하지는 못하지만, 우리 뇌에 저장되어 있고 또 사용되는 기억 정보가 있다. 이를 '암묵기억' 혹은 '절차기억'이라고 부른다. 무의식적 기억을 사용하고 있으면서도 그 내용이 무

• 장기기억의 분류와 연관된 뇌의 구조

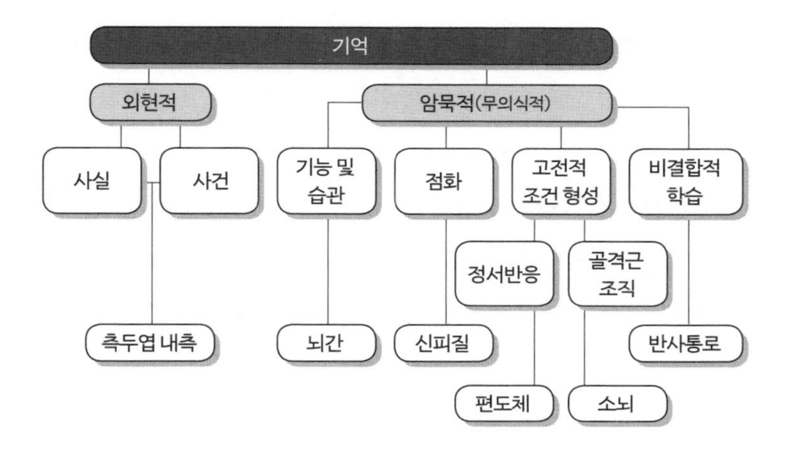

엇인지 의식할 수는 없다니, 도대체 무슨 말일까? 우리는 어렸을 때 우리말을 배운다. 초등학교에 들어가기 전에도 대부분 어린이는 자신의 의사를 우리말로 잘 표현한다. 또 초등학생 정도 나이가 되면 문법에 맞는 우리말을 잘하게 된다. 중요한 것은 이들이 한 번도 국어 문법에 대해 배운 적이 없고 문법이 무엇이냐고 물으면 잘 모르면서도 제대로 된 문법을 구사한다는 점이다. 본인이 사용하는 언어에 내재한 법칙, 즉 문법을 의식적으로 알지 못하지만 그 법칙을 사용하고 있는 것이다.

이처럼 의식적으로는 모르지만 무의식적으로는 저장되어 사용되는 정보가 바로 암묵기억이다. 운동 기술 또한 대표적인 암묵기억 중 하나이다. 수영하는 법을 배웠다면 그 운동 기술은 여러분이 의식적으로 접근 가능한 내용이 아니라 무의식적으로 저장하고 인출하여 사용하는 정보이다. 수영을 못하는 사람이 아무리 의식적으로 수영 교본을 공부하고 외워도 실제로 수영을 잘할 수는 없는 것과 같은 이치이다. 수영을 잘하기 위해서는 연습하고, 연습하고, 연습하는 길밖에 없다.

습관도 대부분 암묵기억 영역에 속한다. 의식과 무관하게 저장하여 자동으로 사용(인출)하는 것이다. 따라서 한번 습관이 형성되면 아무리 의식적으로 바꾸려 노력해도 잘 안 되는 이유가 여기에 있다. 의식과는 무관하게 작동하기 때문이다. 좋은 습관을 저장하는 것이, 의식적으로 수학 공식과 영어 단어 하나를 더 기억하는 것보다 우리 마음에, 우리 인생에 더 큰 영향을 끼치는 이유가 바로 여기에 있다. 앞장의 표처럼,[39] 우리 기억은 의식적(외현적)기억과 무의식적(암묵적) 기억으로 분류할 수 있고, 우리 뇌의 많은 부분들이 무의식적 기억에 관여함을 알 수 있다.

기억이라는 판도라 상자

많은 대상과 사건들이 저장된 기억에는 현실과 상상, 기쁨과 슬픔, 희망과 절망, 미래와 과거가 공존하고 있다. 기억을 연구하는 인지심리학자에게 기억은 마치 판도라의 상자처럼 다양한 형태로 많은 질문들을 던지고 있다.

기억과 관련된 주제 중 하나가 '전문성'이다. 어떤 사람의 기억 능력과 인지적 능력이 다른 사람에 비하여 월등히 뛰어나다고 가정해 보자. 일반적인 사람들이 몇 가지밖에 기억하지 못하는데 그 사람은 한 번만 보고 지나쳐도 많은 것을 기억한다든가 하는 것이다. 이렇게 특정 분야에서 지속적으로 월등히 높은 탁월한 수행력을 보이는 사람을 두고, 그에게 전문성이 있다고 평가하거나 전문가라고 칭하게 된다.

일반적으로 어느 분야든 그 일에 전문성을 가지려면 10년 정도 꾸준히, 또 열심히 해야 한다고 말한다. 하지만 한 가지 일에 10년 정도의 시간을 쏟는 것이 결코 쉬운 일은 아니다. 특정 분야의 박사가 되기 위해서 학부와 대학원 과정, 박사 후 과정을 거치는데 10년가량의 세월이 필요하고, 전문의가 되는 것도 비슷한 시간이 필요하다.

그렇다면 특정 분야의 전문가라면 이른바 초심자와 어느 지점에서 극명하게 차이점이 드러날까. 우선 전문가는 해당 분야에 대한 정보를 바탕으로 학습된 지식 구조를 조직화하여 가지고 있다. 특히 해당 직무를 수행함에 있어서 관련 지식을 생생한 시각적 이미지로 기억하고 있기 때문에, 필요한 경우에 따라 지식에 대한 접근 속도가 빠르고 회상해야 할 자료를 재구성하는 데에도 탁월하다. 문제나 위기 상황에 맞닥뜨렸을 때 정보의 빠진 부분을 재구성하는 데 능한 것이 전문가의 또 다른 특징이다.

결정적인 차이점은 기억하는 방식에서 찾을 수 있다. 사실 전문가나 초심자의 단기기억 용량을 재 보면 그 수준은 비슷하다. 다만 전문가는 이미 알고 있는 지식과 정보를 일련의 단위로 묶어 덩어리로 기억한다는 점에서 그 차이가 드러난다. 이때 덩어리로 묶인 기억의 단위를 '청크chunk'라고 하며, 정보를 구조화하여 묶음으로 기억하는 과정을 '청킹chunking'이라고 부른다. 이러한 청킹 과정을 거치면 단기기억 용량 자체는 차이가 없지만, 실질적인 기억 용량에서 어마어마한 차이를 가져올 수 있다. 가령 프로 바둑 기사의 모습에서 이러한 특징이 두드러지게 나타난다.

바둑판은 가로와 세로가 19줄씩 그려져 있다. 이들 줄이 겹치면서 361개의 착점을 만들고, 흑돌과 백돌을 순서대로 번갈아 두며 '집'을 짓는 동시에 상대의 집을 빼앗고 무너뜨리며 경쟁한다. 바둑돌을 어디에 어느 순서로 놓느냐에 따라 싸움의 진행은 다르게 흘러간다. 따라서 바둑에서 바둑돌을 놓는 가짓수의 조합은 헤아리기 어려울 만큼 다양하다. 그런데 프로 바둑 기사는 바둑 경기를 마친 뒤에 '복기'(바둑 경기의 내용을 비평하기 위해 처음부터 두었던 순서대로 다시 두어 보는 일)라는 것을 한다. "처음에 당신은 여기다 뒀는데, 여기보다 다른 곳에 두는 게 낫다"는 제언까지 곁들여 말이다.

그렇다면 이 사람은 어떻게 이 많은 것들을 다 기억하는 것일까? 하지만 반대로 전혀 바둑을 두지 못하는 사람 둘이서 아무 데나 바둑돌을 내려놓게 되면 제아무리 유능한 프로 바둑 기사라도 이 순서들을 잘 기억하지 못할 것이다. 전문가일수록 의미 있는 기억의 큰 덩어리로 구조화하여 기억하게 된다. 아무 의미 없는 바둑 돌 착수의 순서는 덩어리로 만들 수 없어서 일반인들의 기억과 비슷한 수준을 보이는 것이다. 이 모든 것은 전문성이 있기에 가능한 일이다.

다음으로는 뛰어난 기억력을 가진 사람들에 대한 흥미로운 연구를 살펴보고자 한다. 그중 JC라는 웨이터를 연구한 보고서의[40]

내용을 소개하겠다. 웨이터 JC는 고객의 주문을 받을 때 누가 어떤 것을 시켰는지 정확히 기억한다. 한 사람이 시키는 메뉴의 종류만 해도 여러 가지일 텐데 말이다. 가령 20개 남짓한 주문 정도는 적지도 않고 다 기억한다. 각각의 사람이 주문한 빵의 종류와 메인 메뉴, 샐러드 드레싱, 고기 익힘 정도와 사이드 메뉴 등 고객의 세세한 요청까지도 전부 기억한다. 음식이 나오면 해당 음식을 주문한 사람 앞에 정확하게 음식을 서빙한다. 일반 사람들이라면 기억하기 어려운 일을 웨이터 JC는 어떻게 해내는 것일까? 웨이터 JC의 기억 능력이 다른 사람보다 더 좋기 때문일까?

실제 웨이터 JC가 일반 기억 검사를 해 보았을 때, 검사 결과가 일반인의 평균과 크게 차이를 보이지 않았다. 그럼에도 불구하고 이런 놀라운 기억 수행을 해내는 웨이터 JC의 비법은 의외로 간단하다. 의미 있는 '책략'을 사용하여 기억한다는 것이다. 오랜 시간 식당에서 일하면서 습득하게 된 손님들의 특징과 주문 유형들이 저장되어 있고, 다양한 주문들을 의미 있게 묶어서(청킹) 저장하는 자신만의 책략을 개발하여 사용하는 것이다.

모노드라마를 연기하는 배우의 기억은 또 어떠한가? 1시간이 넘도록 혼자서 대사를 다 외우는 것을 보면 도대체 어떻게 저 많은 대사를 다 기억할까 놀랍기만 하다. 이 전문 배우의 기억 책략 역시, 대사 하나하나를 아무 생각 없이 외운다기보다는 전체 극의 흐름을 볼 수 있는 각본을 계속 반복해서 읽으며, 주인공이 이 장면에서 왜 이러한 이야기를 할 수밖에 없는가를 몰입해서 생각하는 것이다. 동기를 이해하고, 의미 있는 처리deep processing 과정을 겪으며 몰입을 하면 하나의 대사가 그 다음 대사의 단서가 되면서 자연스레 대사가 저장되고 인출된다.

이 책을 읽는 여러분은 저마다 내게 어떤 전문성이 있을까 하고 생각할지 모른다. 사실 우리는 이미 많은 전문성을 가지고 있다. 가령 한국에서 오래 산 한국인이라면 같은 한국 사람의 얼굴에 대해서는 이미 전문가이다. 살면서 많은 한국 사람을 만나며 그 얼굴들을 구분해 왔기 때문이다. 만약 여러분이 태어나서 아프리카 사람들을 거의 볼 일이 없었다면, 아프리카 사람들의 얼굴을 잘 기억하지 못하고, 구별하기도 어려울 것이다. 마찬가지로 동양인을 거의 만난 적이 없는 서양인 역시 동양인의 생김새를 잘 기억하지 못하고 구분하지 못한다. 결과적으로 같은 인종끼리 어울려 지내는 동안 우리는 자신도 모르는 사이에 같은 인종 생김새에 대해 전문가가 되는 것이다. 이런 현상을 심리학에서는 자기-인종 편향own-race bias이라 부른다.[41]

같은 이치로 인공지능이 인간의 얼굴만 가지고 저마다의 다름을 구별하는 건 무척 어려운 기술이기도 하다. 물론 인공지능은 하루가 다르게 발전하고 있고, 최근 챗GPT의 발전은 놀랍기만 하다. 하지만 아직도 최신 스마트폰 얼굴 인식 프로그램은 아침에 부스스한 얼굴이거나, 다른 곳을 쳐다보거나, 이상한 표정을 짓거나, 주변 조명이 조금 흐릿하기만 해도 얼굴을 잘 인식하지 못한다. 인공지능이 지문이나 홍채는 잘 인식하면서 얼굴에 대해서는 아직도 많은 오류를 보이는 것을 보면 우리 인간이 얼마나 얼굴 인식에 전문가인지를 깨달을 수 있는 부분이다(얼굴 인식이 결코 쉬워서가 아니다!). 어디 그뿐인가. 자신이 자주 가는 장소나 매일 쓰는 물건들, 즐겨 하는 활동 등에서 우리는 누구나 전문가가 되고 달인이 될 수 있다.

기억은 생존에 필수적이다. 그래서 우리의 뇌는 지난 일을 기억해 낼 때 도파민을 분비하여 보상을 해 준다. 기분 좋은 일을 강화시켜서 기억을 계속 잘하게 만드는 것이다. 여러분은 친구들과 최근 자신에게 일어났던 재미있는 일화를 얘기하며 수다를 떠는 일과 중립적인 일을 하며 돈을 버는 일 중에 무엇을 선택하겠는가?

실제로 2014년 미국 러트거스대 심리학과의 메건 스피어Megan E. Speer 박사와 그녀의 동료들은 실험 참가자들에게 자신이 경험했던 자서전적 기억autobiographical memory 중에 긍정적인 기억을 떠올리는 것과 다른 일을 하며 금전적 보상을 받을 수 있는 일 중 하나를 선택하게 하고, 이를 수행하는 동안 실험 참가자들의 뇌에서 일어나는 변화를 측정했다.[42] 많은 참가자들은 금전적 보상을 포기하면서까지 긍정적인 자서전적 기억 회상을 선택하였고, 뇌 측정 결과 역시 자서전적 기억 회상 자체가 인간에게 내재적 가치로 작용한다는 결과를 보여 주었다. 함께 수다를 떠는 일은 그 자체로 즐거운 일이고, 사회적 유대감과 함께 행복감을 증진시키는 적응적 가치가 있다는 것이다.

기억 인출이 도파민과 관련이 있지만 항상 좋은 것만은 아니다. 2019년 독일의 연구자들이 〈신경심리약리학회지Neuropsychopharmacology〉에 발표한 논문에서는[43] 도파민이 기억 인출 향상과는 긍정적 관계가 있지만, 메타인지에는 부정적으로 작용한다고 보고했다. 메타인지metacognition란 자신의 인지 과정에 대해 한 차원 높은 곳에서 조망하고 판단하는 능력이나 정신 작용을 의미한다. 즉, 자신의 생각을 판단하는 능력이다. 그중에 메타기억metamemory은 인지 과정 중 기억에 대한 생각이나 판단을 의미한다. 가령 어떤 영어 단어를 기억했다면 그냥 기억이지만, 그 단어를 내가 얼마나 잘 기억하고 있는지, 이틀 후에 영어 시험에서도 그 단어를 기억해 낼 수 있는지를 생각하고 있다면 그것이 바로 메타기억이 된다. 지금 이 책을 얼마나 이해하고 있는가? 당신은 이 주제에 대해 다른 사람에게 잘 설명할 수 있는가? 이런 것들을 생각하는 것이 바로 메타인지다.

최근 메타인지 학습법이 유행하며, 교육열이 뜨거운 우리나라에서 관심이 폭발적이었다. 그 이유는 학생들의 성적과 지능 간에는 상관관계가 거의 없지만, 메타인지 능력과는 높은 상관관계를 보이기 때문이다. 공부를 하면서 자신이 내용을 얼마나 잘 이해하는지, 기억이 몇 시간 후에는 어느 정도 유지되는지를 판단해 보고 점검해 보는 습관을 키우는 것이 바로 메타인지 학습법이라 할 수 있다.

다시 2019년 독일 신경학자들의 연구로 돌아가 보자. 이들 연구 결과는 도파민이 기억 인출에는 도움이 되지만 메타인지에는 방해가 된다는 증거들을 발표하면서, 도파민이 양날의 검과 같음을 증명한 것이다. 자신의 일화만을 즐겁게 회상하다 보면 그 기억에 대한 생각이나 조망 능력은 떨어질 수 있다. 더욱이 자신의 인지에만 몰입되어 그것이 다른 사람에게 어떻게 비칠지를 인지하지 못할 위험이 있다는 것이다. 혼자서 수다를 떨며 도파민 보상을 받다가, 나중에라도 그것을 깨닫는다면 그나마 다행이다.

자서전적 기억 중에도 잊혀지지 않는 기억을 인지심리학에서는 '섬광 기억flashbulb memory'이라는 이름을 붙여 연구하기도 한다. 단체 사진 찍을 때 펑 터지는 플래시가 남기는 잔상처럼, 좀처럼 사라지지 않는 기억이라고 해서 붙여진 이름이다. 너무 충격적인 사건이라 잊혀지지 않는 일. 중년 이상의 많은 미국 사람들은 2001년 9월 11일, 9·11 테러 사건을 섬광 기억으로 갖고 있다. 나 역시도 그날의 기억이 생생하게 남아 있다. 당시 동료 교수들과 대학 인근에서 저녁 식사를 하고 있었고, 전화로 처음 그 소식을 듣게 되었다. 식당에서 텔레비전을 틀었는데 무척 놀랐던 기억이 있다. 그날 누구와 함께 있었고 무슨 이야기를 나누며 무엇을 했는지 20년이 지난 이 시점에도 기억이 생생하다. 이렇게 섬광 기억은 그 기억과 관련된 여러 가지 것들이 함께 잘 기억되는 것이 특징이다. 정서적으로 흥분하게 되는 충격적인 사건을 둘러싼 모든 일이 섬광 기억이 되는 것이다. 이는 풍부하고 생생한 기억으로 남는다. 그리고 반복적 암송 과정을 겪으며 유지된다.

하지만 섬광 기억에 관한 최근 연구 결과들은 섬광 기억 역시 다른 일화적 기억과 특별한 차이가 없음을 보여주고 있다. 정서적 각성 수준이 아주 높고 기억 흔적이 깊이 새겨지긴 하지만, 영영 사라지지 않는 기억은 아니다. 다른 기억이 사라지는 것처럼 이 기억도 사라진다. 섬광 기억 역시 쇠잔하는 것은 마찬가지이다. 다만 사라지기까지 시기가 좀 길어지는 것뿐이다. 그리고 이러한 기억도 시간이 지남에 따라 왜곡되기도 한다.

섬광 기억이 다른 기억과 비교해 더욱 오래 살아남는 것처럼 생각되는 이유는 무엇일까. 이는 강렬한 경험으로 남은 기억을 주기적으로 상기시키기 때문이다. 세월호 참사 사건 같은 경우도 마찬가지이다. 2014년 4월 16일, 세월호 여객선이 바닷속으로 가라앉은 그날 이후 매년 4월 16일이 되면 그 사건이 다시 뉴스에 보도되며 회자되곤 한다. 반대로 기억을 상기시키는 요인이 사라지면 당시에는 섬광 기억일지라도 서서히 잊힐 것이다.

일련의 일들이 일어나는 순서나 스토리를 스크립트script라고 하는데, 이런 것들에 의해 기억에 도움을 받는 경우가 있다. 가령 음식점에 들어가서 어디 앉아야 할지 묻고, 기다리고 있으면 몇 명인지 일행을 확인하여 메뉴를 가져다주는 등 여러 가지 행위가 순서대로 잘 구조화된 지식을 갖게 된다. 음식점뿐 아니라, 극장, 교회, 법당 등에서도 각 장소에 맞는 스크립트가 있다. 이런 스크립트에 따라 우리는 생각을 한다. 결과적으로 이러한 요소가 기억하는 과정에 영향을 준다.

만약 일어나지 않은 일들 예를 들어 음식점에 가면 밥을 먹고 계산을 하고 나온다는 스크립트가 있다고 하자. 실제로는 내가 실수로 계산하지 않고 음식점에서 나왔는데, 시간이 지나서 분명 계산을 했다고 잘못 기억할 수도 있다. 기억이 스크립트에 의해 왜곡된 것이다.

또 우리에게 보통 기억이라 하면, 과거에 대한 일을 기억한다고 생각하는 것이 대부분이다. 하지만 최근에는 앞으로 해야 할 일을 기억해 내는 것, 즉 미래 행동에 대한 연구도 진행되고 있다. 이를 미래 기억prospective memory이라고 한다.

예를 들어 엄마를 찾는 이모의 전화를 받은 상황을 생각해 보자. "엄마 오면 이모한테 전화해 달라고 전해 줄래?"라는 이모의 당부를 전해 들었다. 이런 상황에서 우리는 미래에 내가 어떤 행동을 해야 하는지 기억하고 있어야 한다. 엄마가 왔을 때 이모에게 전화가 왔던 일과 전달해야 할 메시지를 기억해 내야 한다. 엄마가 왔는데도 그때 기억을 떠올리지 못했다가 하루가 지나고 나중에 엄마로부터 핀잔을 들었을 때 그 일이 생각났다면, 회고적 기억은 온전하지만 미래 기억의 작동에 문제가 생긴 경우이다.

미래 기억은 아침에 손수건을 챙겨 집을 나서야겠다는 생각을 떠올리지 못해 손수건 없이 하루를 보내야 하는 사소한 일부터, 가스 불을 꺼야 하는 일을 잊거나 결혼기념일을 그냥 지나가는 일(치명적일 수 있다), 아침까지도 기억했던 중요한 회의를 놓치거나, 약을 먹어야 하는 것을 잊는 일, 심지어 많은 사람의 목숨이 걸린 안전 장치를 특정 시점에서 가동해야 할 일을 잊는 일까지, 우리의 일상생활에서 매우 중요한 인지 기능을 담당하고 있다.

미래 기억은 회고적 기억을 포함하지만 그것에 더하여 아직 오지 않은 미래의 어느 시점까지 회상해야 할 정보를 기억 과정에서 되뇌는 것(일종의 리허설)이 필요하다. 한마디로 신경이 더 쓰이는 기억인 것이다. 미래 기억을 떠올려야 할 시점으로부터 시간적 간극이 길거나 혹은 그 시점 사이에 주의를 빼앗길 만한 다른 일들이 많다면, 성공적인 미래 기억을 위해 전략이 필요하다. 주기적으로 되뇌는 정신적 노력이 힘들다면 적어도 스마트폰 일정에 적어 놓고 수시로 일정을 확인하든지 혹은 특정 시점에 알람을 울리게 할 수도 있다. 미래 기억이 제대로 작동하기 위해서는 단순한 시간적 단서(예, 내일 1시)보다는 구체적인 단서(알림 신호)가 미래 기억을 회상하는 데 더 도움이 될 수 있기 때문이다.[44]

기억을 이루는 중요한 요소 중 하나로 현실 감시reality monitoring가 있다. 이는 실제 사건의 기억과 상상한 사건의 기억을 변별하는 것을 의미한다. 예를 들어 친구에게서 책을 빌렸는데, 친구가

'내일 그 책을 돌려달라'고 하는 상황과 맞닥뜨렸다. 이때 '돌려주겠다'고 대답하고는 '내일 도서관 앞에서 친구를 만나서 책을 돌려줘야겠다'고 생각했다고 하자. 그리고 한 달이 지났다. 친구를 만났는데 "너 왜 내 책을 안 돌려주니?"하고 묻는 것이다. 이때 "아니, 한 달 전에 내가 도서관 앞에서 기다리다 분명히 책을 돌려줬는데?" 하며 자기의 생각과 실제 행동을 헷갈려 대답하고 만다. 이처럼 상상과 실제를 혼동하게 되는 것이다.

현실 감시를 통해 우리는 기억이 실제의 사건인지 상상한 사건인지 수시로 확인해야 한다. 일반적으로 현실은 맥락이 계속 이어진다. 꿈도 이어질 수는 있지만, 현실만큼의 연속성은 없다. 그리고 현실은 더욱 생생하다. 얼마나 감각적으로 두드러지는 경험인지 생각해 보아야 한다. 꿈인지 현실인지 꼬집어 본다는 말처럼 말이다. 즉 시각과 청각, 촉각에 비추어 보았을 때 얼마나 생생한지를 두고 현실과 상상을 구별하는 것이다.

현실 감시가 제대로 이루어지지 않으면, 조현병(정신분열증)이나 망상과 같은 것들이 생길 수 있다. 그래서 상상이 너무 잘 이루어지거나 그 상상이 현실과 구별이 안 되는 정도라면, 망상이라고 생각할 수 있겠다. 자기가 상상한 것과 현실을 구별하지 못하는 상황이다.

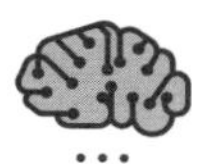

기분 타는 기억력

기억이 없다면 우리의 삶은 어떤 모습일까. 자신이 누구고 어떻게 살아왔고 또 어떻게 살아갈 것인지를 생각할 수 없다. 정보를 저장하고 사용하는 기억 능력은 인간의 마음과 인지 기능에 매우 중요한 부분을 차지하고 있다. 그래서 많은 사람은 '인간의 마음'이라고 하면 기억에 의존한 자신의 정체감을 먼저 떠올리고, 치매 증상 중에서도 기억 능력의 상실을 제일 먼저 두려워한다.

많은 사람이 인간의 마음을 생각할 때 떠올리는 또 다른 중요한 개념은 바로 '정서'이다. 즉, 기쁘고 슬프고 화나고 두려운, 이런 감정들이야말로 마음의 중요한 요소라고 생각하는 것이다. 우리 뇌의 편도체라고 하는 작은 영역이 우리의 정서적 반응을 관장하고 있지만, 동물에게는 이러한 정서적 반응들이 어떤 행동을 계속 추구할지 혹은 줄이거나 회피할지를 알려주는 중요한 지표가 되기도 한다. 기억과 마찬가지로 정서 역시 우리의 생존에 없어서는 안 될 중요한 요소이다.

정서는 우리가 보고 듣고 기억하고 판단하는 인지 기능에 다양한 방식으로 영향을 주고 또 이들로부터 영향을 받는다. 정서와 인지는 끊임없이 상호작용을 한다. 기억과 정서 간의 관계에 대해 그동안 많은 인지심리학자가 다양한 연구를 수행했고 중요한 경험적 연구 결과들을 보고해 왔다. 여기서는 그중 세 가지 주요 발견을 요약하여, 소개하고자 한다.

첫 번째 발견은, 다음과 같은 질문에서 시작한다. 우리는 기분 좋은 일과 기분 나쁜 일 중 어떤 일을 더 잘 기억하는가? 다시 말해, 우리가 정서적으로 긍정적인 기억과 부정적인 기억 중 어떤 기억을 더 잘하게 될까? 이 질문에 대답하기 위해 학자들은 많은 연구를 수행했다. 먼저 이 책을 읽고 있는 당신은 어떠한가? 어떤 기억을 잘한다고 생각하는가? 모든 사람이 항상 그런 것은 아니지만, 평균적으로 우리는 긍정적인 기억을 부정적인 기억보다 조금 더 잘하는 경향이 있다. 예를 들어 우리에게 지난 한 달 동안 좋은 일 10번과 나쁜 일 10번이 있었다고 가정할 때, 우리는 그중에서 좋은 일을 좀 더 구체적으로 잘 기억하고 또 좋은 일이 좀 더 많이 있었다고 회상할 가능성이 크다. 일종의 기억의 긍정적 편향이 일어나는 것이다.

그뿐만이 아니다. 대부분 사람에게 과거의 정서적 사건들(아주 긍정적인 일부터 아주 부정적인 일까지)에 대해 그것이 얼마나 긍정적 혹은 부정적이었는지를 시간이 지나고 나서 다시 평가하게 하면, 그 당시 느꼈던 긍정적 혹은 부정적 정서의 강도는 일반적으로 줄어든다. 하지만 그 줄어드는 정도가 긍정적인 사건보다 부정적인 사건에서 훨씬 더 크게 나타난다. 지난달의 좋았던 사건을 떠올릴 때는 당시 느꼈던 것보다 긍정적 정서의 강도가 약간 줄어드는 반면, 비슷한 시기에 일어난 부정적인 사건은 당시 느꼈던 부정적 정서의 강도보다 훨씬 덜 부정적으로 느끼는 것이다.

실제로 2003년에 미국 심리학자인 리처드 워커Richard Walker와 그의 동료들이 수행한 일련의 실험에서,[45] 연구자들은 우울 성향이 있는 학생과 그렇지 않은 학생으로 나뉘어진 두 개의 집단을 대상으로 각자 자신에게 일어난 정서적 사건들을 회상하게 했다. 그리고 그 사건이 일어난 당시의 정서적 강도와 현재 회상 시점에서의 정서적 강도를 보고하게 했다.

측정 결과 우울 성향이 없는 학생들에게 유쾌한 사건은 당시 느꼈던 긍정적 느낌에서 회상할 때 약간 줄어드는 경향을 보였다. 그리고 불쾌한 감정은 훨씬 더 많이 줄어드는 경향을 보였다. 이를 '긍정성 효과'라고 부른다. 반면에 우울 성향을 지닌 학생들에게서는 이러한 긍정성 효과가 나타나지 않았다. 즉 유쾌한 일이나 불쾌한 일 모두에서 중간 정도의 비슷한 정서적 감소만이 나타났

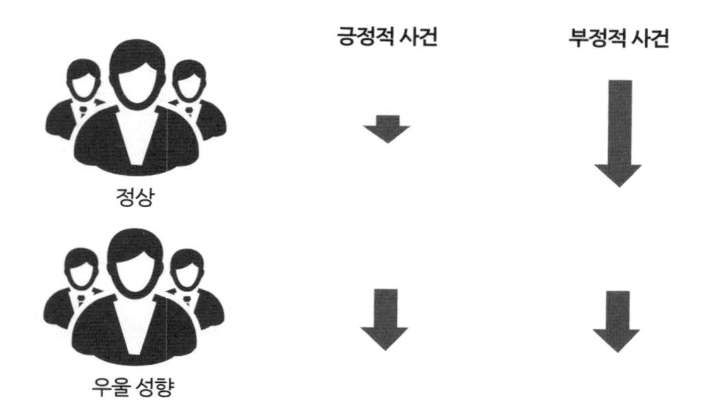

다. 우울 성향이 없는 집단에 비해 우울 성향이 있는 학생들은 즐거웠던 일에 대한 긍정적 감정은 훨씬 더 많이 줄어들고 불쾌한 일에 대한 부정적 감정은 훨씬 덜 줄어든 것이다.

이러한 연구 결과는 우울증이나 우울 성향을 지닌 사람들이 그렇지 않은 사람들에 비해 같은 사건을 경험하고도 과거를 회상할 때 긍정적인 것은 덜 긍정적으로, 부정적인 것은 더욱 부정적으로 느낄 수 있음을 극명하게 보여 주는 것이다. 하지만 다른 관점에서 보자면, 우울 성향이 없는 사람들의 기억은 긍정적으로 왜곡되어 있고 오히려 우울 성향이 있는 사람들의 기억이 당시 정서 강도의 균형을 유지하고 있는 것으로도 볼 수 있다.

요약하자면 우울 성향이 있는 사람들을 제외한 다수의 사람은 부정적인 일보다 긍정적인 일을 더 잘 기억하고, 긍정적인 일보다 부정적인 일에 대해 그 당시 느꼈던 감정의 강도를 훨씬 더 작게 느끼는 경향이 있다. 그 덕분에 사람들은 훨씬 긍정적으로 세상을 살아갈 수 있는지도 모른다. 또 아픈 기억, 나쁜 기억을 즐거운 기억, 좋은 기억보다 조금 더 잘 잊는 경향 덕분에 당장 힘든 기억에 관해 시간은 약이 될 수 있다.

부정적인 면도 분명 있다. 세상을 객관적으로 보지 못하거나, 과거의 아픈 기억을 교훈 삼아 제대로 된 대응을 하지 못할 수도 있다. 만나면 티격태격 싸우는 커플의 경우, 헤어지고 몇 달이 지나면 과거 불쾌한 정서의 강도는 많이 줄어들어 좋은 기억이 더 많았다고 착각하며 다시 만나고, 그러다 다시 싸우고 헤어지는 일을 반복하기도 한다. 혹은 객관적으로 안 좋은 일이나 실패한 일이 많았음에도 시간이 지나면서 이를 제대로 기억하지 못하고 비슷한 행동을 반복하는 일도 있다. 실패의 경험을 교훈 삼아 발전하기 위해서는 나쁜 기억일수록 잘 기록해 두는 것이 필요한 이유다.

기억과 정서 간의 관계에서 두 번째 발견은, 기억이 처음 생성될 때(부호화 단계)의 정서 상태와 그것을 기억해 낼 때(인출 단계)의 정서 상태가 서로 일치하면 기억해 내는 과정에서 훨씬 유리하다. 기분이 좋은 상태에서 어떤 일을 경험했다면, 나중에 기분이 좋은 상태에서 그 일을 더 잘 기억해 낼 수 있고, 반대로 어떤 일을 불안한 상태에서 경험했다면 나중에 불안한 상태에서 그 일을 더 잘 기억해 낼 수 있다.

시험 공부를 편안한 기분으로 했다면 그 기억을 떠올려 시험을 치를 때도 편안한 기분으로 해야 도움이 된다. 하지만 시험 공부는 편안한 기분으로 했다가 막상 시험은 불안한 기분으로 본다면 기억 인출에 부담을 갖게 된다. 따라서 공부할 때(부호화 단계)와 시험 볼 때(인출 단계)의 정서를 일치시키기 위해서는 공부할 때도 시험 볼 때를 상상하며 적당한 긴장감을 느끼고 하는 편이 도움이 될 것이다.

비단 정서 상태뿐 아니라, 부호화 단계에서 장소나 상태와 같은 맥락이 인출 단계에서도 일치하면 기억에 도움이 되기도 한다. 어떤 장소에서 일어난 일이 평소에는 잘 기억이 나지 않다가도 막상 그 장소에 가면 생각날 수 있다는 것이다. 혹은 술을 한잔 마신 상태에서 어떤 일을 경험했다면 보통 때는 그 일이 잘 기억이 나지 않다가 술을 한잔 마시고 그 일을 더 잘 떠올리게 될 수도 있다.

코로나-19가 전 세계를 잠식하고 유례없던 팬데믹을 겪는 동안 많은 사람이 불안하거나 우울하다는 증상을 호소했다. 부호화 단계와 인출 단계의 정서 일치 효과에 근거해서 생각해 보자면, 현재 기분이 안 좋으면 과거 기분이 안 좋았을 때의 일들이 좀 더 쉽게 떠오를 수 있다. 과거 기분이 안 좋았을 때의 일들은 대부분 부정적인 일일 가능성이 크고 그런 일들이 생각나면 기분은 더 안 좋아질 수 있다. 즉 불안하거나 우울한 기분에 점점 더 빠져들 가능성이 있는 것이다. 가벼운 산책이나 운동 등을 통해 기분을 전환하려는 노력이 필요한 이유이다.

기억과 정서 간의 관계와 관련된 주요 발견이 기억의 부호화 단계와 인출 단계의 일치성과 관련된 것이었다면, 마지막 세 번째 질문은 부호화 단계에서, 즉 어떤 일을 경험할 때 경험하는 사람의 정서 상태와 경험한 일의 정서가情緖價, valence(정서의 긍정 및 부정 정도)의 일치와 관련된 것이다. 세 번째 질문을 쉽게 풀어 보자면 다음과 같다. 우리는 기분이 좋을 때 긍정적 일들을 더 잘 기억하고, 반대로 기분이 안 좋을 때는 부정적 일들을 더 잘 기억할까? 연구 결과를 바탕으로 얻은 이 질문의 답은 '그렇다'이다. 기억하는 사람의 정서적 상태와 기억할 정보의 정서가가 일치할 때 기억이 더 잘 된다는 것이다. 이를 기억의 정서 일치 효과라고 부른다. 그리고 이러한 정서 일치 효과는 앞서 언급한 두 가지 주요 발견보다도 좀 더 일관되고 강력한 영향력이 있는 것으로 보고되고 있다.

가령 어떤 학생이 좋아하는 과목이 국어이고 싫어하는 과목이 수학이라면, 학생은 해당 과목을 어떤 기분일 때 공부하는 것이 좋을까? 기분이 안 좋을 때 좋아하는 국어 공부를 하고, 기분이 좋을 때 싫어하는 수학 공부를 그래도 참으면서 한다? 물론 기분이 안 좋을 때 좋아하는 국어를 공부하면 기분에는 도움이 될 수 있다. 하지만 기억에는 도움이 안 된다. 정서 일치 효과에 따르면 국어는 기분이 좋을 때, 그리고 수학은 기분이 나쁠 때 공부하는 것이 기억하는 데에 도움이 된다.

어떤 사람에게 지난 한 달 동안 긍정적인 일이 10번, 부정적인 일이 10번 있었다고 하자. 앞서 언급한 대로 이러면 보통 사람 같으면 나중에 과거 일을 회상할 때 긍정적인 편향이 일어나서 긍정적인 일이 조금 더 있었다고 기억할 가능성이 크다. 하지만 만일 그 사람이 지난 한 달 동안 계속 기분이 안 좋고 우울한 상태였다면 어떻게 될까? 강력한 정서 일치 효과에 의해 이 사람은 지난 한 달 동안 자신에게 부정적인 일이 훨씬 더 많이 일어났다고 기억할 가능성이 크다. 그렇게 되면 이런 부정적 기억들 때문에 기분은 더 우울해지고 그 우울한 기분은 다시 좋거나 나쁜 일이 비슷하게 일어나도 나쁜 일을 더 잘 기억하게 된다. 그러니까 이런 기억들로 하여금 다시 이 사람을 더 우울하게 만드는 악순환의 고리로 빠지게 될 것이다. 우울증이라는 정서장애는 이렇게 기억이라는 인지작용과 상호작용하며 작동할 수 있으며, 따라서 이러한 악순환의 고리를 깨도록 돕는 것이 무엇보다 중요하다.

어떻게 악순환의 고리를 끊어 낼 수 있을까? 첫 번째는 일정 기간 우울하지 않게 만들어야 한다. 마치 뼈가 부러지면 일정 기간 깁스를 하여 뼈가 붙도록 하는 것처럼, 여러 기억이 저장되는 일정 기간 우울한 상태에서 벗어나게 하는 것이다. 가장 쉬운 방법은 항우울제를 처방받는 일이다. 이 기간에 심리치료나 상담을 병행할 수도 있다. 머리가 아프면 두통약을 먹고, 소화가 안 되면 소화제를 먹어야 한다. 머리가 아픈 사람에게 머리가 아프지 않도록 노력해 보라거나 혹은 소화가 안 되는 사람에게 소화가 잘되게 노력하라는 얘기는 어불성설이다. 우울증도 마찬가지다. 우울하지 않도록 노력하라는 얘기는 뇌에서 일어나는 화학 작용이 마음먹기 달려 있다고 말하는 것과 같다. 일정 기간 의학적 도움을 받아 일상생활에서 부정적인 기억들이 더 잘 저장되지 않는 경험을 여러 번 하게 되면 앞선 기억과 정서 간의 악순환 고리는 서서히 끊어 낼 수 있을 것이다.

우리 인간의 마음은 감각, 기억, 의식, 정서, 판단 등이 각기 따로 작동하는 것이 아니다. 이들은 수시로 서로 영향을 주고받으며 매우 다양한 상호작용을 하고 있다. 비록 많은 심리학자, 뇌인지과학자가 그 복잡한 상호작용 방식들과 기전들을 연구하고 있지만 현재까지 밝혀진 것은 극히 일부에 불과하다.

The

Controller

PART 3

의식과 무의식 사이,
선택의 주도권을 잡는 방법

05

선택과 생각을 통제하는 무의식

내 마음, 나도 모를 때

우리에게는 스스로 알 수 없는 마음이 있다. 분명히 자신의 마음, 생각, 감정이지만, 어떻게 생겨나고, 어떻게 작동하는지를 알지 못하는 마음 말이다. 심지어 그런 마음이 있는지조차 모르는 경우가 허다하다.

우리 주변에서 흔히 볼 수 있는 벌레를 무서워하는 사람의 마음을 살펴보자. 바퀴벌레를 보고 기겁하며 피하는 사람에게 왜 무서워하냐고 물어보면, 대부분 이런 식으로 대답한다. '징그럽고, 더럽고, 나한테 달려들 것 같다'라고 말이다. 하지만 이러한 의식적 생각의 사실 여부는 좀 더 깊이 따져 볼 필요가 있다. 우리가 느끼는 공포의 마음은 사실, 과거 어렸을 때부터 학습되어 저장된 무의식적 마음 때문이다.

그 무의식적 마음이 생겨난 기전은 다음과 같다. 우선 모든 인간은 본능적으로 갑자기 큰 소리가 나면 깜짝 놀라게 되어 있다. 아무리 강심장을 가진 어른이라도 조용한 방에서 옆에 있는 누군가가 갑자기 크게 소리를 지른다면 순간적으로 놀랄 수밖에 없다. 이러한 반응은 갑작스러운 외부 환경 변화에 우리 몸이 경계 시스템을 발동하고, 결국 생존에 도움이 되도록 하는 지극히 자연스러운 현상이다.

세상에 호기심이 많은 어린아이가 처음으로 바퀴벌레를 보게 되면 어떤 반응을 보일까. 극단적으로 바퀴벌레를 사례로 들었지만, 일반적으로 벌레를 처음 보는 아이들은 그걸 무서워하지 않는다. 무서워하기는커녕 벌레가 도망가지 않는다면 손으로 잡으려 할지도 모른다. 오히려 이때 주변 어른들, 부모나 혹은 형제자매의 반응이 두려움을 만들기도 한다. 바퀴벌레를 보고 있는 아이 옆에서 갑자기 사람들이 큰 소리를 지르는 것이다. 갑자기 큰 소리가 나면 어른도 놀라는데 아이는 얼마나 놀라겠는가. 아이가 벌레를 보고 있을 때 누군가가 소리를 질러 깜짝 놀라는 경험을 수차례 하게 되면, 아이의 뇌 회로에서는 벌레라는 자극에 대해 공포 반응을 자동적으로 불러일으킨다. 이러한 자극과 자극 간의 연합은 반복적 경험에 의해 자동적으로 형성되고, 의식과는 상관없이 작동하는 대표적인 무의식적 마음이다.

'조건 형성conditioning'이라고 부르는 이러한 과정은 러시아의 생리학자이자 심리학자인 이반 파블로프Ivan Petrovich Pavlov에 의해 100여 년 전에 최초로 연구되었다. 최초의 조건 형성은 개에게 음식을 줄 때 특정한 소리를 함께 들려주는 실험을 통해 증명했다.[46] 음식을 먹을 때 개는 타액을 분비한다. 우리가 갑자기 큰 소리를 들으면 깜짝 놀라는 것이 자동적이고 선천적인 반응인 것처럼, 개들이 음식을 먹을 때 침을 흘리는 것 역시 선천적이고 자동적인 생리 반응이다. 하지만 음식과 특정한 소리를 함께 짝지어 제시하면, 나중에는 음식 없이 특정한 소리만 들어도 개들은 침을 흘리게 된다. 마치 바퀴벌레와 함께 나타난 큰 소리에 깜짝 놀라던 아이가 바퀴벌레와 큰 소리가 연합된 후에는 바퀴벌레만으로도 깜짝 놀라게 되는 것처럼, 파블로프의 개는 음식과 함께 제시되었던 특정한 소리만 들어도 침을 흘리는 것이다.

어떤 사람은 개가 특정 소리를 듣고 타액을 분비하는 것이 도대체 인간의 마음이나 행동과 무슨 관계가 있느냐고 질문을 할 것이다. 하지만 심리학자들이 인간의 마음과 행동을 연구할수록 결국 인간의 마음이나 동물의 마음이 같은 토대 위에 있고, 인간 마음의 작동 기전이 동물과 크게 다를 바 없음을 깨닫는다.

타액 분비를 촉진하거나 억제하는 것은 우리의 교감 및 부교감신경계로 이뤄진 자율신경계가 관장하는데, 자율신경계는 말 그대로 우리의 의지나 마음먹은 대로 작동하지 않는다. 무의식적 마음은 우리도 모르는 사이에 학습되고 저장되었다가 특정 상황이나 환경에서 나타나는 것이다.

네덜란드 흐로닝언대의 실험심리학자들은 심리학 학술지 〈심리과학〉에 게재한 논문에서, 밝기와 관련된 단어를 듣거나 보는 것만으로도 우리 눈의 동공 크기가 변화한다는 실험 내용을 보고했다.[47] 즉, '어둠'이나 '밤' 같은 단어를 인식할 때 동공이 커지고, 반대로 '조명'이나 '낮'과 같이 밝음을 의미하는 단어를 인식하면 동공이 작아지는 것을 관찰한 것이다.

사실 인간의 눈에서 동공이 확장하거나 수축하는 반응은 자율신경계가 담당하는 것이다. 따라서 동공은 우리의 의지와는 상관없이 어두운 곳에서는 빛을 많이 받아들이기 위해 자동으로 확장되고, 반대로 밝은 곳에서는 눈이 부시는 것을 막기 위해 저절로 축소된다. 그동안 우리가 접해 온 단어의 의미를 인식하는 것만으로도 이러한 자율적 조정이 일어난다는 것은 마음의 작동 방식을 이해하는 데 무척이나 중요한 시사점을 제공한다. 우리가 경험한 모든 것들이 결국 우리 마음을 구성하고 자신도 모르는 사이에 우리의 몸(뇌)과 행동을 변화시키는 것이다.

알레르기 반응이나 면역 반응 역시 과거 경험에서 영향을 받는다. 특정한 화학 분자에 대해 알레르기 반응을 보이는 사람의 경우를 예로 들어 보자. 그 사람이 특정한 화학 성분과 중립적인 자극이 반복적으로 연합된 경험을 한다면, 나중에는 알레르기를 일으키는 화학 성분 없이 중립적인 자극만으로도 알레르기 반응이 나타날 수 있다. 가령 장미 꽃가루에 알레르기가 있는 사람이 알레르기 반응을 일으킬 때에는 꽃가루에만 노출되는 것이 아니라 그 꽃을 보는 시각적 경험이 함께 반복되는 경우가 많다. 그 때문에 나중에는 꽃가루가 없는 인조 장미에 대해서도 유사한 꽃가루 알레르기 반응이 나타나기도 하는 것이다.

또 다른 예로, 항암 치료를 받는 암 환자의 경우를 살펴보려고 한다. 항암 치료를 통해 암세포를 공격하는 과정에서 정상세포까지 공격을 받게 되는데, 이때 나타나는 대표적인 부작용으로 면역력 저하를 들 수 있다. 항암 치료를 받는 상황적 요인과 병원이라는 환경이 반복하여 연합되면, 나중에 항암 치료를 더 이상 하지 않는 상황에서도 병원만 오면 면역력이 떨어질 수 있다. 이러한 현상을 역으로 이용해 면역력을 높이는 약이나 주사를 맞을 때마다 특정한 음악을 듣는다면, 이후 그 음악을 들을 때마다 면역력이 좋아지는 긍정적인 효과를 기대할 수도 있겠다.

큰 소리와 벌레, 음식과 소리, 꽃가루와 꽃 모양, 항암 치료와 병원, 이렇게 하나(전자)는 선천적으로 특정 반응을 일으키는 자극이고 다른 하나(후자)는 특정 반응과는 무관한 중립적인 자극으로 전자와 함께 제시된 것뿐인데, 이 둘을 함께 경험함으로써 우리는 의식이나 의도와는 전혀 상관없이 새로운 마음과 행동을 형성하게 된다.

지금까지 설명한 단순한 자극과 또 다른 자극의 연합을 통한 무의식의 형성이 아니라도, 우리는 어떤 반응을 먼저 하고 난 뒤에 그 반응의 결과를 연합하는 새로운 종류의 조건 형성도 한다. 우리는 어떤 행동을 할 때마다 그 행동의 결과로 일어나는 일을 늘 경험하며 살아간다. 방으로 들어가기 위해 방문 손잡이를 돌려 문을 여는 상황을 생각해 보자. 문 손잡이를 돌리면 문을 열 수 있는 상태가 된다. 그리고 이때 문을 당겨서 문이 열리기까지는 너무나 당연하게 일어나는 일련의 과정으로 그려지는 일이다. '문 손잡이를 잡아 돌리고 또 당기는' 어떤 행동을 하고 나면 환경이 바뀌어 '문이 열리는' 일을 우리는 하루에도 수십 번, 수백 번 경험하며 살고 있다. 아침에 일어나 욕실 문을 열고 들어가 치약 튜브 뚜껑을 당기면 뚜껑이 열리고, 튜브를 누르면 치약이 나오고, 샴푸 통 펌프를 누르면 샴푸가 나오는 경험들……. 이 모든 과정이 바로 어떤 행동과 그 행동의 결과 간의 연합을 학습하는 과정이라고 할 수 있다.

그리고 어떤 행동을 하고 나서 자신이 원하는 결과가 나오면 그 행동은 강화되고, 그렇지 않으면 그 행동은 줄어들거나 사라진다. 당연한 이야기이다. 그런데 여기서 재미있는 질문은, 우리가 이렇게 어떤 행동을 더 하게 되거나 덜 하게 되는 이유가 우리가 의식적으로 생각할 수 있는 능력이 있기 때문이냐는 점이다.

어떤 행동과 그 행동의 결과가 일관되게 일어나는 상황이 있다고 가정해 보자. 이때 정작 행동하는 사람이 자신의 행동과 그 결과 간의 관계를 전혀 의식할 수 없지만, 그 관계를 무의식적으로 학습하게 된다는 내용이 시사하는 바는 무엇일까. 이를 통해 우리는 우리가 하는 많은 행동이 의식적 사고를 필요로 하는 것이 아님을 추론할 수 있다. 실제로 앞서 언급한 사례들처럼, 문을 열고, 치약을 짜는 등의 행동들을 포함하여 많은 행동을 할 때 의식적 사고를 하지 않는다. 수년 전, 나는 실제로 이 내용을 알아보기 위해 연구실에서 일련의 실험을 수행했다. 그리고 그 결과를 국제 학술지 〈심리작용학 회보와 리뷰Psychonomic Bulletin & Review〉에 발표했다.[48]

실험 참가자인 대학생들에게 컴퓨터 화면 앞에 앉아 두 개의 과제를 연속적으로 하도록 지시했다. 첫 번째 과제는 빈 화면 중앙에 동그라미가 나타나면 컴퓨터 자판의 특정 키를 신속하게 누르는 것이었고, 이어서 두 번째 과제는 동그라미가 사라진 화면에 여러 복잡한 문자 자극이 나타나고 그 문자 중 특정한 표적 자극, 그러니까 화면에 나타나는 여러 문자 가운데 알파벳 'T' 같은 특정 값을 찾아 빠르게 반응하는 것이었다. 그리고 실험 참가자들은 이러한 두 개의 과제를 약 1시간 가까이 반복해 수행했다.

그런데 이 실험에는 숨겨진 법칙이 있었다. 참가자들이 동그라미에 반응할 때 그 반응하는 속도에 따라서 두 번째 과제의 표적 자극이 나타나는 위치가 결정되도록 설계한 것이다. 예를 들어, 어떤 참가자가 동그라미 자극에 비교적 천천히 반응하면 표적 자극을 화면 오른쪽 상단에 나타나게 하고, 동그라미에 빨리 반응하면 표적 자극이 화면 왼쪽 하단에 나타나게 하는 식이었다. 모든 참가자에게 동그라미 자극에 대한 각자의 반응 속도에 따라 두 번째 과제에서 표적의 위치가 결정되도록 한 것이다.

이러한 경험을 계속했을 때, 과연 참가자들은 자신의 반응 속도에 따라 결정되는 표적이 나타나는 위치를 예상하며 표적을 찾는 시간이 점점 더 빨라지는지를 알아본 것이다. 실험 결과, 놀랍게도 참가자들은 자신의 행동과 그 결과를 학습해 시행을 거듭할수록 점점 더 빨리 표적을 찾는 것을 확인했다. 물론 모든 참가자는 자신의 행동과 그 결과 간의 관계를 전혀 알지 못했다. 즉, 의식적 자각 없이도 자신의 행동과 그 결과 간의 관계를 학습하고 이용한다는 사실을 증명한 것이다.

학습한다는 것은 '경험을 통해 일어나는 비교적 영속적인 행동의 변화'라고 할 수 있다. 변성기에 일어나는 변화처럼 경험 없이 목소리가 달라지는 것을 두고 학습이라고 하지는 않는다. 일시적인 변화도 학습이라고 말하기 어렵다. '진화'가 세대와 세대를 거쳐 변화하는 환경에서 생존하는 데 필요한 것이라고 한다면, '학습'은 현재 살아가고 있는 개체가 변화하는 환경에 적응하고 생존하는 데 필수적인 능력이라고 할 수 있다. 그리고 이처럼 중요한 능력은 인간뿐 아니라 수많은 동물이 가진 능력이기도 하다. 앞서 언급한 자극과 자극의 연합, 행동과 그 결과 간의 연합 학습 능력은 의식적 생각이 거의 없을 것으로 추정되는 하등동물, 수많은 벌레에게도 존재한다. 이들이 현생인류보다도 지구 상에서 오래 생존할 수 있던 요인에는 분명 이들의 학습 능력이 포함되어 있을 것이다. 그리고 이들이 겪은 학습 과정에 의식이나 고등 지능이 필수적인 요소가 아닌 것으로 유추할 수 있다. 결국, 중요한 것은 '경험'이다. 그것이 의식적이든 무의식적이든 경험을 통해 우리는 배우고 생존할 수 있기 때문이다.

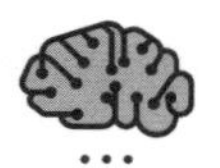

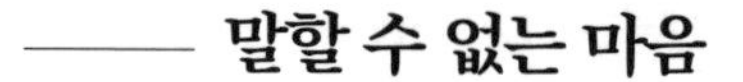

말할 수 없는 마음

우리의 마음은 두 가지로 구분하면 어떤 분류가 가능할까. 여러 가지 의견이 있겠지만, 여기에서는 말로 표현할 수 있는 마음, 그리고 말로 표현할 수 없는 마음으로 나누어 생각해 보고자 한다. 내 마음속에 있는 어머니의 얼굴, 좋아하는 음식의 맛, 친구의 미세한 몸짓, 그리고 그에 따른 표정 하나하나를 말로 표현하기에는 한계가 있다. 미술과 음악, 무용과 연극, 영화 등 다양한 예술적 표현은 우리가 단순한 언어만으로는 표현하지 못하는 마음의 표상 즉, 심적 표상을 투영해 왔다.

우리 마음에 세상을 저장하는 방식으로는 크게 두 가지 방법이 있다. 먼저 세상을 언어나 명제로 전환해 저장한 것이 있고, 다음으로는 실제 세상의 모습과 비슷하게 저장한 지식이 있다. 현재 우리 앞에 존재하지 않아서 우리가 직접 보거나 듣거나 만지거나 냄새를 맡거나 맛볼 수 없는 어떤 대상을 마음속으로 표상하는 것을 심리학자들은 '심상mental imagery'이라고 부른다. 즉, 현시점에서 우리의 시각이나 청각과 같은 감각기관에 어떤 정보도 입력되지 않는 어떤 대상에 대한 표상이며, 우리는 이러한 심상을 바탕으로 이를 수시로 이용한다.

좀 더 쉽게 말하자면, 시각적 심상은 마음속의 영상이라고 할 수 있고, 청각적 심상은 마음속의 녹음이라고 할 수 있다. 예를 들어, 오늘 아침 식사로 무엇을 먹었는지 떠올려 보라. 만일 콩나물 국밥에 깍두기 반찬을 먹었다고 하면, 그 장면을 머릿속에 떠올릴 수 있는가? 깍두기가 어떤 반찬 그릇에 어떻게 놓여 있었고, 그 냄새와 맛을 떠올릴 수 있는가? 그리고 그 깍두기를 깨물었을 때 들렸던 소리도 떠올릴 수 있는가? 이런 감각적 표상들이 바로 심상인 것이다.

그리고 심상은 우리가 전혀 경험한 적이 없는 일들에 대해서도 이용될 수 있다. 자신의 이마 위에 눈이 하나 더 있다면 어떤 모습일지 상상하거나, 한 번도 가 본 적이 없는 밀림 속을 자신이 탐험하는 모습을 떠올리는 것처럼 말이다. 그래서 새로운 예술 작품이 탄생하고 새로운 디자인의 상품이 나온다.

그렇다면 우리는 어떻게 심상을 만들어 저장하고 사용할까? 많은 인지심리학자가 연구해 왔고 현재도 연구하고 있는 주제지만 분명한 건 이미지는 언어와는 다른 혹은 추가적인 부호화 과정이 개입한다는 것이며, 심상을 형성할 때 실제로 우리가 지각하는(보고나 듣거나 하는) 뇌 영역이 함께 사용되고 있다는 점이다.

우측 두정엽이 손상되어 편측 시각 무시증unilateral visual neglect이 생긴 환자의 경우를 생각해 보자. 오른쪽 두정엽에는 시각 정보 중에서도 왼쪽 공간과 관련된 정보들을 처리하는 경로가 있다. 따라서 이 영역이 손상된 환자는 자신이 바라보는 장면 중에 왼쪽 시야에 있는 정보들을 의식하지 못하는 일이 일어난다. 즉 이들 환자가 보이는 전체 장면 중에 오른쪽 시야에 보이는 것들만 의식하고 왼쪽에 보이는 것들은 의식하지 못하는 것이다. 식사할 때도 오른쪽에 있는 반찬만 먹고 왼쪽에 놓인 반찬들에는 손을 대지 못한다. 그 이유는 왼쪽에 놓인 반찬을 의식할 수 없기 때문이다.

이런 환자에게 익숙한 장소를 머릿속에 떠올려 보라고 하면 그의 기억에서도 왼쪽의 풍경만 떠올리게 될까? 머릿속에 떠오르는 대로 이야기해 보라고 하면 어떻게 될까? 가령 서울 광화문 광장에서 시청 쪽을 바라보고 있다고 상상하고, 무슨 건물이 있는지 설명해 달라고 하는 것이다. 이때 환자는 오른쪽에 있는 세종문화회관이나 정부서울청사는 보고하지만, 건너편에 있는 미국대사관이나 교보빌딩은 언급하지 않는다. 그렇다면 그가 말하지 않은 건물은 기억에도 없을까? 결론부터 말하자면, 그렇지 않다. 같은 환자에게 거꾸로 시청에서 광화문 광장 쪽을 바라보고 있다고 상상하고, 무슨 건물이 있는지 설명해 달라고 해 보자. 이번에는 미국 대사관이나 교보빌딩을 언급하고, 세종문화회관이나 정부서울청사를 이야기하지 않을 것이다.

이러한 현상은, 우리가 지각하는 것과 이미지를 떠올리는 것이 비슷한 기제로 작동하며 공통된 뇌 영역이 관여하고 있음을 보여주는 증거이다. 또한 기능적 자기공명영상법fMRI을 이용한 최근 뇌 영상 연구들에서도 우리가 실제로 지각할 때와 이미지를 상상할 때 유사한 뇌 영역이 활성화됨을 보였으며, 심지어 무엇을 상상했는지를 시각을 담당하는 뇌 영역에서의 활성화 패턴을 보고도 알아낼 수 있게 되었다.

하지만 이런 발견들과는 다르게, 지각과 심상이 완전히 동일한 것이 아니라는 증거들도 있다. 어떤 사람은 지각은 정상인데 심상을 떠올리지 못하는 사람도 있고, 반대로 심상은 제대로 떠올리는데 지각을 하지 못하는 사람도 있다. 물체를 앞에 놓고 볼 때보다 마음속에 떠올릴 때 즉, 심상을 형성할 때에는 정신적 노력이 더 많이 필요하다. 그러면서도 우리의 심상은 늘 실제보다 정확도가 떨어진다.

우리 모두 자주 보았던, 그래서 너무나 잘 알고 있다고 생각하는 대상을 예로 들어 보자. 수업에 모인 학생들에게 500원짜리 동전에 어떤 그림이 있느냐고 물으면, 학생들 대부분은 학이 날아가는 모습이 있다고 대답한다. 하지만 그 학이 날아가는 방향이 왼쪽인지 오른쪽인지 선택해 보라고 하면 반응이 갈린다. 학생들 중 절반은 왼쪽을, 나머지는 절반은 오른쪽이라고 답하는 것이다. 대부분 모르고 있다는 뜻이다.

이 책을 읽는 여러분 중에서 동전을 본 지가 오래되어서 잘 모르겠다고 한다면, 이번에는 다음 물음에 대한 답을 떠올려 보자. 아파트나 회사, 또는 자주 드나드는 건물에 있는 엘리베이터를 생각해 보는 것이다. 각 층과 열림 단추와 닫힘 단추를 포함하여 엘리베이터 버튼의 배열을 빈 종이에 그려 보자. 만약 같은 아파트에 3년 이상 살았던 사람이라면 적어도 하루에 두 번은 그 엘리베이터를 탔을 것이다. 그렇다면 익숙하게 마주하는 엘리베이터 버튼을 정확하게 그릴 수 있는 사람들의 비율은 표본집단 대비 어느 정도일까?

미국 캘리포니아대 로스앤젤레스의 심리학자들은 위에 언급한 상황과 비슷한 질문을 던져 실험을 진행했다.[49] 자신들 학과인 8층 건물에서 엘리베이터를 오래 이용해 온 교수와 교직원, 대학원생들을 대상으로 조사한 결과, 엘리베이터 버튼 배열을 비슷하게 그린 사람들은 16%에 불과했다. 특히 완전히 동일하게 그린 사람은 아무도 없었다.

동전처럼 너무도 익숙한 모양을, 그리고 엘리베이터 버튼처럼 하루에도 여러 번 보는 대상을 이처럼 정확하게 기억하지 못하는 이유는 무엇일까? 우리는 필요한 정보에는 민감하지만, 필요하지 않은 정보에는 둔감하기 때문이다. 500원 동전이라는 것만 알면 되는 것이지 학이 어느 방향으로 날아가는지는 500원짜리 동전을 구별할 때 중요한 정보가 아니기 때문이다. 엘리베이터 버튼의 배열 역시 마찬가지다. 자신이 가려고 하는 층수를 보고 누르면 그만이지 다른 층의 단추들이 어디에 있는지 알 필요는 없다. 특히 직장이나 병원, 백화점에서도 엘리베이터를 타고, 엘리베이터마다 각기 다른 층수가 있고 그 배열 역시 가지각색이어서 자신의 집 엘리베이터 버튼의 배열을 기억하는 것 자체가 서로 간섭을 일으키고 불필요한 정보일 수 있다.

동전이나 엘리베이터 버튼의 예는 우리가 어떤 정보를 반복적으로 보고 듣는 것만으로 기억력을 높이는 것이 아니라는 점도 시사해 준다. 결국, 우리가 의식적으로 기억하고 인출하기 위해서는 그에 필요한 상황이 존재해야 하고 우리는 그 상황에 맞는 기억 전략을 사용할 수 있다.

UCLA 심리학자들의 연구에서 또 다른 재미있는 발견을 했다. 앞서 실험 참가자들은 엘리베이터 버튼의 배열을 그림으로 그리는 과제를 제대로 수행하지 못했다. 하지만 그들이 엘리베이터 버튼의 층수가 모두 지워진 엘리베이터를 타면 어떻게 될까? 이번에는 많은 사람이 자신의 자주 드나드는 사무실이 있는 층의 버튼을 제대로 누르는 것을 발견했다.

이는 우리가 컴퓨터 자판을 이용해 타이핑을 할 때에도 마찬가지이다. 특히 우리가 자주 쓰게 되는 이름을 생각해 보자. 대부분 사람들은 'ㄱ'이나 'ㅣ', 'ㅁ', 'ㅁ', 'ㅣ', 'ㄴ', 'ㅅ', 'ㅣ', 'ㄱ'이라는 낱자가 자판의 배열 중 어디에 위치하고 있는지 의식적으로 빠르게 대답하지 못한다. 하지만 '김민식'이라는 이름 단어를 자판으로 치는 것을 상상하면 어떨까? 손가락의 위치를 통해 더 쉽게 생각해 낼 수 있다. 우리의 손가락 동작과 연합된 절차적 지식으로 저장되고 표상된 것이다. 이 또한 언어적으로 저장된 지식이 아니다. 반복된 학습을 통해 우리의 의식이 아닌 몸이 익히는 것으로 이해할 수 있다. 물론 여기서 몸이 익힌다고는 하지만 우리의 뇌에 저장된 정보임이 틀림없다.

이번에는 또 다른 물음을 던져 보겠다. 먼저 우리에게 익숙한 우리나라 지도를 마음에 떠올리자. 그리고 다음 도시들 중에서 가장 동쪽에 있는 도시부터 차례로 나열해 보는 것이다.

강릉, 부산, 서귀포, 서울, 평양

가장 동쪽에 있는 순서대로 도시를 나열했다면, 서로 인접해 있는 도시 쌍 중에 동서로 가장 멀리 떨어져 있는 도시는 각각 무엇일까? 여기서 정답을 바로 공개하자면, 가장 동쪽부터 부산, 강릉, 서울, 서귀포, 평양 순이다. 대부분 사람들은 제주도가 서울보다 훨씬 동쪽에 있다는 착각을 한다.

이 문제의 답은 제대로 쓰지 못했더라도 걱정할 필요는 없다. 그건 여러분이 지리 공부를 소홀히 했거나 상식이 모자라서가 아니다. 여러분의 심적 지도 즉, 심상에 언어적인 개념 지식이나 판단의 왜곡 요인이 침투해 각 도시의 위치를 변형시켰기 때문이다. 가령 강원도가 더 동쪽이라든가 제주도는 서울과 부산 사이에 있다든가 혹은 서울에서 곧장 북으로 가면 평양이라는 생각들이며, 이러한 생각들은 심상에 영향을 준다.

비언어적인 마음이 우리의 뇌에서 차지하는 비중이 크고 중요함에도 불구하고 전통적인 교육이나 사회 인식에서 등한시되어 온 것이 사실이다. 그 이유 중 하나는 비언어적 마음의 특성이 과학적으로 연구되어 온 것이 최근 일이며, 비언어적 마음이 의식적으로, 언어적, 논리적으로 표현되기 어려운 특성을 지녔기 때문이기도 하다.

여러 분야에서 널리 사용하는 지능 검사에는 어휘력과 독해력 등 언어적 지식을 측정하는 검사 문항들뿐 아니라 공간적 지식을 측정하는 문항들까지도 포함하고 있다. 이들 문항은 마음속으로 3D 물체를 회전시켜서 동일한 물체를 찾거나, 주어진 종이를 접어서 만들어지는 입방체가 무엇인지를 고르는 문항, 혹은 종이를 접고 구멍을 뚫고 나서 펼쳤을 때 모양을 고르는 문항들을 포함하고 있다. 이런 문항들 모두 우리의 심상 형성과 조작 능력을 측정하는 것이다.

미국 치과 대학 입시 시험에 어려운 공간 지능 문제들이 포함된 이유 역시 치과 의사에게 공간적 능력이 필수적임을 의미한다. 이런 공간 지능은 비행기 조종, 조각, 건축, 외과 수술뿐 아니라 새로운 무언가, 가령 가상공간을 창조하고 디자인하는 많은 직업군에 반드시 필요한 매우 중요한 지식이다.

어휘력이나 독해력과 같은 언어적 지식이 훈련을 통해 향상되는 것처럼, 공간 능력이나 비언어적 지능도 훈련을 통해 향상할 수 있다.

심리학자인 하워드 가드너Harward Gardner는 인간의 지능을 8개의 독립적인 다중 지능(언어 지능, 수리 논리 지능, 음악 지능, 신체 운동 지능, 공간 지능, 개인 간 지능, 개인 내 지능, 자연 지능)으로 구분한 바 있다.[50] 이러한 구분이 대중들에게는 매력적으로 들리지만 과학적 근거는 부족하다는 비판을 받고 있다. 인지심리학에서 최근의 많은 연구는 우리가 감각적으로 많은 경험을 하면 지각적인 학습이 일어나고 더 나은 수행을 보인다는 것을 밝혀 왔다. 오랜 훈련을 통해 영상의학과 의사들은 영상에서 이상 징후들을 잘 찾는다. 컴퓨터 화면에서 일반적으로 사람들이 잘 알아채지 못하는 상대방의 재빠른 움직임도 프로게이머들은 잘 탐지한다. 이러한 능력 역시 끊임없는 훈련의 결과다. 음악이나 무용 전문가들은 일반인들이 탐지할 수 없는 미세한 소리나 율동의 차이를 감지할 수 있다.

그렇다면, 실제로 감각이나 운동기관을 통해 지속적으로 경험하지 않고 오직 심상만을 사용해 훈련해도 효과가 있을까? 2009년에 스위스의 심리학자인 엘리자 M 타르탈리아Elisa M. Tartaglia 박사와 그녀의 동료들은 시각적으로 특정한 자극을 마음속에 떠올리도록 훈련한 집단은 그렇지 않은 집단에 비해, 나중에 그 특정 자극을 더 잘 탐지한다는 것을 실험을 통해 증명한 바 있다.[51] 심상과 같이 비언어적 마음에 대한 훈련의 중요성을 시사하는 것이다.

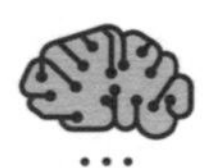

이미 알고 있는 것

우리는 누구나 지식知識, knowledge을 갖고 있다. 비록 그 지식이 무엇인지 명확하게 이야기할 수 없다고 해도 어떤 형태로든 지식을 갖고 있으며 그것을 사용한다. 국립국어원의 표준국어대사전에서는 '지식'을 다음과 같이 정의하고 있다.

1. 어떤 대상에 대하여 배우거나 실천을 통하여 알게 된 명확한 인식이나 이해.
2. 알고 있는 내용이나 사물.

나와 세상에 대한 지식은 어떤 방식으로 표상될까? 그동안 배우고 경험해서 쌓은 지식이 우리 마음속에 어떤 형태로 저장되고 조직화되어 있을까? 이러한 질문에 대답하기 위해 인지심리학자들은 인간의 기억과 언어, 지각, 범주화 판단 등을 통해 다양한 연구를 수행해 왔다. 우리는 자신과 자신의 주변에서 무슨 일이 일어났고 일어나고 있는지를 알고 있고(사건 지식), 일 년이 열두 달이고 하루에는 낮과 밤이 있으며 낮과 밤의 의미도 알고 있다(의미 혹은 사실 지식). 이런 지식은 일반적으로 의식적으로 인식 가능해 인지심리학에서는 명시적 혹은 외현적explicit 지식이라고 부른다.

대부분의 명시적 지식은 언어적으로 표현 가능해, 언어를 통해 우리는 서로의 생각이나 감정을 주고받아 왔고, 그래서 언어는 마음의 구조와 과정을 연구하는 많은 인지심리학자의 주요 연구 주제가 되어 왔다. 우리의 마음이 어떻게 세상을 이해하고 그 지식을 어떻게 저장하고 사용하는지를 언어의 의미와 통사syntax(의미 있는 단어들이 정렬되는 방식), 다양한 맥락에서 사용되는 대화 방식 등을 연구한다.

책을 읽고 이해할 수 있는 것도 단어의 개념이나 의미에 대한 지식이 있기 때문이다. 하지만 단순한 단어의 의미에 대한 지식을 넘어서 대부분의 일상 대화는 화자와 청자의 세상에 대한 다양한 지식과 암묵적인 약속을 내포하고 있다. 식당으로 들어오는 두 사람을 보고, "기생충 둘이요"라고 말을 한다면 공격적으로 들릴 수 있지만, 극장 매표소에서 같은 말을 할 때는 전혀 이상하게 들리지 않는다.

친구에게 전화로 '오늘 6시에 지하철 신촌역 1번 출구에서 만나서 함께 저녁을 먹자'고 제안하는 상황을 생각해 보자. 이러한 간단한 대화에도 두 사람 사이에는 서로에 대해 충분한 지식이 있음을 가정하고 있다. 두 사람은 적어도 상대방이 서울에 지하철이 있고, 신촌역이 어디에 있고, 각자 알아서 약속 장소에 올 수 있고, 신촌역 1번 출구에 바로 저녁 식사가 마련되어 있는 것이 아니라 어디론가 근처 식당에 가서 음식을 골라 주문하고, 식사하는 동안 서로 안부도 묻고 흥밋거리도 나누면서 시간을 함께 보내고, 식당 주인에게 음식값을 치르게 된다는 정도는 알고 있다고 가정한다. 물론 옷도 입고 신발도 신고 와야 한다. 다만 이런 이야기까지 하지 않는 이유는 우리에게 '기본적' 지식이 있고, 또 서로에게 그런 지식이 있다는 것을 알기 때문이다. 오히려 '당연한' 것을 말하면 일종의 암묵적 계약을 깨는 행위가 되기도 한다.

예전에 친구에게 들었던 이야기가 떠오른다. 기자였던 친구가 하루는 선배 기자의 일을 도와주었다고 한다. 그때 선배는 친구에게 고마우니 소주 한잔 사 주겠다고 해서 따라갔다고 했다. 그런데 선배는 근처 구멍가게에 가서 소주 한 병을 주문하고는 그 자리에서 맥주잔에 소주 한 잔을 따라 친구에게 건네더라는 것이다. 정말 소주를 한 잔 사 준 셈이다.

이 이야기가 재미있거나 혹은 당황스럽게 생각된다면, 그것은 우리가 일반적으로 알고 있는 '소주 한잔 산다'는 의미가 다른 지식으로 이용되었기 때문이다. 남편에게 '아기를 보라'고 했더니 정말 남편이 다른 일은 안 하고 아기만 뚫어지게 바라보고만 있더라는 우스갯소리도 있다.

인간처럼 움직이고 인간이 사용하는 모든 단어의 의미와 문법을 모두 알고 있는 최첨단 로봇이라고 해도 인간이 가진 상황적, 맥락적 지식이 없다면, 그 로봇과의 대화는 끔찍한 일이 될 수밖에 없다. '식빵에 버터와 딸기잼을 발라서 우유와 함께 가져다주면 좋겠다'는 간단한 요구를 로봇에게 할 때 엄청나게 복잡한 명령어가 필요할 것이다. 그렇지 않다면 로봇은 식빵 전체에 엄청난 양의 버터와 딸기잼을 발라서 우유에 빠뜨려 가져올 수도 있다. 하물며 각종 서류와 책, 펜, 간식, 휴지 등이 어지럽혀져 있는 책상을 정리해 달라는 명령은 어떻게 해야 할까? 행동 하나하나를 구체적으로 로봇에게 전달하고 시키느니 그냥 본인이 하는 편이 나을 것이라는 생각이 들 수도 있다. 인공지능이 인간처럼 대화가 가능하려면 언어 지식뿐 아니라 세상에 대한 지식과 구조가 인간과 유사해야 하고, 말로 표현하기 어려운 지식(가령 감각이나 운동 지식)도 갖추고 있어야 하는 것이다.

여러분 앞에서 서너 살쯤 된 어린아이가 아이스크림을 먹고 있다고 가정해 보자. 그 아이에게 "너 몇 살이니? 아이스크림 맛있니?"라고 묻는다고 생각하며 직접 이야기해 보라. 아마도 여러분은 평상시에 성인들에게 말하는 음정tone보다 훨씬 높여서 말하고 있음을 깨달을 것이다. 우리는 어린아이에게 말을 할 때 높은 음정으로 말하라는 것을 배운 적도 없고 또 본인도 그렇게 해야겠다고 의식적으로 생각하고 말을 하지는 않는다. 하지만 자신도 의식하지 못한 암묵적 지식을 사용하는 것이다.

최근 인지심리학 연구는 '어떤 대상에 대한 명확한 인식이나 이해'라는 사전적 정의의 지식 말고도, 전혀 본인은 인식하거나 이해하지 못하지만, 마음속에 저장(기억)해 잘 사용하는 지식의 중요성을 밝혀 왔다. 이러한 무의식적 지식을 인지심리학자들은 '암묵적implicit 지식'이라고 부른다. 특히 우리가 사용하는 언어에도 암묵적 지식의 역할은 지대하다.

지금 이 순간에도 우리가 사용하는 암묵적 지식은 무엇일까? 아마도 이 글을 읽으면서 사용하는 우리말의 문법 지식일 것이다. 우리는 학창시절 선생님으로부터 무엇이 주어이고 목적어인지, 어떤 단어가 명사나 동사인지 혹은 부사인지 배웠고 여러 유형의 문장 구조와 그 규칙들을 외웠다. 하지만 여러분이 이 글을 읽으면서 사용하는 문법 지식은 예전에 암기했던 문법에 대한 명시적 지식이 아니다. 어릴 때부터 익혀 온 무의식적인 문법 지식을 사용하는 것이다. 재미있는 사실은 우리가 문법을 배우기 전에도 대부분 문법적으로 올바른 문장을 말하고 사용해 왔다는 점이다. 국문법을 전혀 배운 적 없는 초등학생들도 문법에 대한 암묵적 지식을 사용하고 있는 것이다. 마찬가지로 영문법을 전혀 배운 적 없는 영미 사람들도 문법적으로 잘못된 영어를 접하면 금방 이상하다는 것을 알아챈다.

어려서부터 언어를 습득하는 과정에서 단어의 뜻과 철자 등은 의식적 지식으로 저장되지만, 단어들을 배열하는 방식(통사)이나 규칙 등의 지식은 무의식적으로 저장되어 사용하게 된다. 우리가 실제로 사용하는 언어에는 의미와 통사라는 큰 요소가 있고, 각각은 의식적 지식이나 암묵적 지식으로 저장되어 사용하는 것이다.

암묵적 지식에는 문법 외에도 수영이나 골프 등 운동 기술의 습득, 피아노나 바이올린 등 악기 연주를 배우는 것도 포함된다. 운전하거나 심지어 단순히 운동화 끈을 매는 것 역시 암묵적 지식에 해당한다. 의식적 지식이 말로 쉽게 표현될 수 있다면, 그와 대조적으로 암묵적 지식은 말로 표현하기 어렵다. 또 암묵적 지식을 의식적으로 이해했다고 해도 별 도움이 되지 않는다.

특히 악기 연주는 많은 부분에서 암묵적 지식에 의존한다. 건반을 치고 현을 켜는 과정에서 습득된 움직임은 암묵적인 지식으로 저장되고 사용된다. 운동 기술 역시 대표적인 암묵적 지식이다. 우리가 세계적인 골프 선수가 쓴 '골프 치는 법'을 모두 외워서 완벽한 의식적 지식을 갖고 있다고 해도, 곧바로 골프를 잘 치게 되는 것이 아님을 의미한다. 의미나 사실에 대한 지식이 무엇what에 관련한 지식이라면, 운동 기술은 어떻게how와 관련한 지식으로 '절차procedural 지식'이라고 부르기도 한다.

운동 기술이나 악기 연주와 같은 암묵적 지식을 사용할 때, 의식적 지식은 오히려 방해가 되기도 한다. 2008년 미국의 심리학자 플리갈Kristin Flegal과 영국의 심리학자 앤더슨Michael Anderson이 함께한 연구를[52] 살펴보자. 골프 선수가 자신이 어떻게 퍼팅을 할 것이라고 의식적으로 표현하는 경우, 그렇지 않을 때와 비교해서 훨씬 더 퍼팅 수가 늘어나는 것을 보고했다. 의식적으로 한 많은 생각이 오히려 운동 수행을 방해한 것이다. 물론 골프에 서툰 초보자라면 의식적으로 표현할 때나 그렇지 않을 때 모두 퍼팅 수는 비슷했는데, 이는 애초에 의식이 방해할 만한 암묵적 지식이 별로 없기 때문이다. 암묵적 지식은 언어를 통해 쉽게 전달되지 않는다. 직접 수행하게 하고, 들려주고, 보여 주고, 느끼고, 경험하게 하는 것이 중요하다. 암묵적 지식은 학습자 본인이 끊임없이 연습하고 더 나은 수행이 나올 때까지 노력하는 수밖에 없다.

중년을 넘어서면 우리의 인지 기능 중 일부는 스스로 자각할 수 있을 정도로 저하되기도 하는데, 그중 하나가 의식적인 기억 능력이다. 새로운 지식을 습득하는 데 더 많은 노력이 필요하고 특히 새로운 용어나 이름, 지명 등 고유명사를 기억하는 것이 점점 더 어려워진다. 얼마 전 조 바이든 미국 대통령이 백악관 행사에서 자신이 임명한 국방장관의 이름을 기억해 내지 못해 애를 먹었다는 뉴스도 이와 맥을 같이한다.

내게도 자주 보던 학생의 이름이 갑자기 생각나지 않아 당황했던 경험이 있다. 50대나 60대 이상이 되면 이런 경험이 낯설지 않을 것이다. 비록 강의 중에 어떤 대명사나 단어들이 순간적으로 떠오르지 않아 애를 먹을 수는 있어도, 갑자기 문법이 생각나지 않아서 단어들을 뒤죽박죽 늘어놓는 노교수가 있다는 얘기는 들어본 적이 없다. 다행히 우리의 문법적 지식은 무의식적으로 저장되어 의식적 노력 없이도 자동적으로 이용되고, 더욱 다행히도 노화에 따른 영향도 거의 받지 않기 때문이다.

06

우리의 선택이 의도한 대로 되지 않는 이유

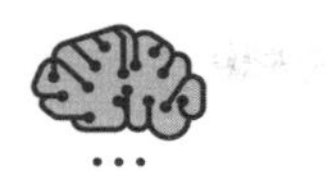

선택을 방해하는 요인들

여러분이 어떤 일을 하고 그 대가로 100% 확실하게 90만 원을 받는 경우와 90%의 확률로 100만 원을 받는 경우(10%의 확률로 아무 수익도 없는 경우)가 있다면 어떤 경우를 선택하겠는가? 강의실에서 학생들에게 물어보면 다수가 전자를 선택한다.

이제 질문을 바꿔서, 여러분이 100% 확실하게 90만 원의 손실을 보아야 하는 경우와 90%의 확률로 100만 원의 손실을 보는 경우(10%는 아무 손실도 없는 경우) 중에 선택할 수 있다면 무엇을 선택하겠는가? 물론 개인의 성향과 상황에 따라 차이는 있겠지만, 강의실에서 물어보면 다수가 후자를 선택한다.

우리는 중·고등학교 시절, 기댓값expected value(기대 가치라고도 함)에 대해 배웠다. 100원짜리 동전의 앞면, 통상 그림이 있는 면이 나오면 100원을, 숫자가 있는 뒷면이 나오면 아무것도 받지 못하는 게임을 한다고 할 때, 동전의 앞면과 뒷면이 나올 확률이 각각 50%라고 한다면, 이 게임에서 얻을 수 있는 기댓값은 50원이 된다. 앞면이 나올 확률인 2분의 1 곱하기 100원과 뒷면이 나올 확률 곱하기 0원을 더한 값이 기댓값이 된다.

위의 질문에서 90만 원의 수익이 100% 나는 경우와 100만 원의 수익이 90%의 확률로 나는 경우의 기댓값을 구해 보면 모두 90만 원으로 동일하고, 손실의 경우도 모두 마이너스 90만 원으로 동일하다. 수익의 기댓값은 같은 90만 원이지만, 사람들은 100% 확실한 수익 90만 원을 90%의 불확실한 수익 100만 원보다 더 선호한다. 하지만 손실의 경우는 양상이 반대로 나타난다. 손실과 관련된 두 번째 질문에 기댓값은 마이너스 90만 원으로 같지만, 사람들은 100% 확실한 손실 90만 원보다는 90%의 불확실한 100만 원 손실을 선호하는 것이다. 왜 그럴까?

우리 인간은 계산기처럼 90만 원의 수익과 90만 원의 손실이 모두 동일한 절댓값 90만 원의 가치를 지니고 있다고 생각하지 않는다. 90만 원의 손실을 90만 원의 수익보다 훨씬 더 크게 느끼고, 같은 금액의 수익으로 느끼는 긍정적 감정보다는 같은 금액의 손실에 대한 부정적 감정을 훨씬 더 크게 지각한다. 그래서 첫 번째 질문에서는 10%의 확률로 아무것도 받지 못할 부정적 경험을 피하려고 비록 조금 작은 수익이지만 확실한 수익을 선택하게 된다. 반면에 두 번째 질문에서는 100% 손실을 보는 상황을 어떻게든 피하려고(손실을 피할 수 있는 10%에 희망을 걸고) 조금 더 많은 돈인 100만 원을 잃을 확률이 90%인 모험을 하는 것이다.

많은 개인 투자자들이 주식에서 적은 수익에 급히 팔고, 손실이 날 때는 그 주식을 빠르게 팔지 못하는 이유가 여기에 있다. 적은 수익이라도 확실한 수익을 취해서 혹시 모를 손실을 회피하려 하고, 손실 중인 상황에서는 매도하는 순간 손실이 100% 확정이 되는 경우와 같아서 100% 잃는 것을 회피하고 혹시 모를 상승(가령 10%의 확률)에 대한 희망으로 손실을 더 키우는 것이다.

이는 과거 경제학자들이 생각했던 합리적이고 이성적인 사고를 하는 소위 '경제적' 인간과는 거리가 있다. 만일 중·고등학교 때 배웠던 기댓값에 근거해서 '이성적'으로 행동한다면, 기댓값이 같은 경우 비슷한 선호도를 보여야 한다. 더욱이 기댓값이 마이너스 값을 가지게 되는 일은 하지 말아야 한다. 가령 로또나 도박, 보험 등은 우리가 투자한 금액보다 적은 기댓값을 지급한다. 누군가가 여러분에게 앞면이 나오면 8000원을 얻고, 뒷면이 나오면 1만 원을 잃게 되는 게임을 제안하면 어떨까? 아마 화를 낼지도 모른다. 기댓값이 마이너스(0.5×8000-0.5×10000=-1000, 1000원 손실)라서 손실을 볼 것이 뻔한 게임이기 때문이다. 그런데 사람들은 오늘도 기댓값이 마이너스인 카지노와 보험 회사에 기꺼이 돈을 내며 게임을 하고 보험 상품에 가입하고 있다. 왜 그럴까?

인간의 행동을 설명하고 예측하기 위해서는, 인간이 어떻게 생각하는지, 그리고 그 생각에 영향을 주는 요인이 무엇인지를 파악해야 한다. 우리는 어떤 일의 수학적, 금전적 가치(기댓값)뿐 아니라 그 일로 얻게 되는 긍정적 혹은 부정적 감정과 같은 주관적 가치를 중요하게 생각하는데, 이를 효용utility이라고 한다. 따라서 도박에서 기대 가치는 마이너스지만, 도박을 즐기는 사람에게 도박의 기대 효용은 플러스가 될 수 있다.

예를 들어, 1000원을 투입해서 8000원을 얻을 확률이 10%고, 잃을 확률이 90%인 슬롯머신의 기대 가치는 마이너스 100원(8000×0.1-1000×0.9=-100, 100원 손실)이다. 하지만 도박을 즐기는 사람이라면, 이겼을 때 얻는 8000원에 쾌감을 더한 효용이 9000원이고, 졌을 때 잃는 1000원을 실제 가치보다도 사소하게 느껴 효용이 마이너스 900원이라고 생각하면, 이 사람의 기대 효용은 플러스 90원(9000×0.1-900×0.9=90, 90원 수익)이 된다. 쾌감이 사라지고 잃는 것이 더 이상 사소하다고 느껴지지 않아서, 기대 효용이 마이너스가 되기 전까지 이 사람에게 도박은 여전히 매력적일 것이다. 마찬가지로, 자신이 내는 보험료의 효용을 금전적 가치보다 작게 느끼고, 보험이 없을 경우 들어갈 금전적 부담과 부정적 감정 등을 해결해 주는 가치를 주관적으로 높게 생각하면 보험의 기대 효용은 플러스로 바뀔 수 있다.

객관적인 이득이나 손실이 우리가 생각하는 주관적인 가치와

•—— **전망이론 그래프**

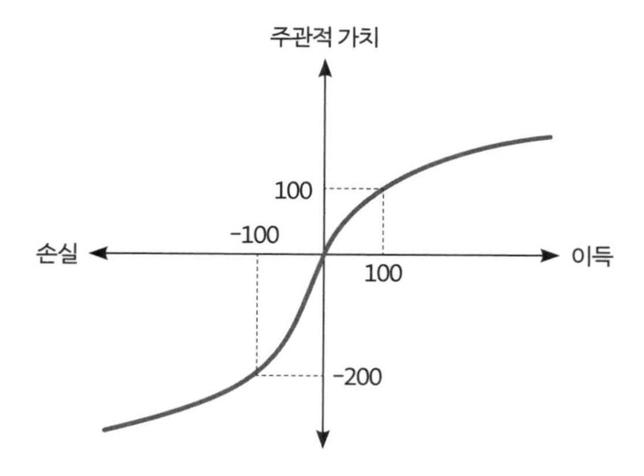

정비례하지도 않고, 이득과 손실 구간 각각에서 판단하는 주관적 가치의 변화 기울기가 다름을 보여 주는 카너먼과 트버스키 교수의 연구는[53] 경제학 분야에도 크게 기여했다. 해당 연구를 바탕으로 2002년 카너먼 교수는 인지심리학자 최초로 노벨 경제학상을 수상했다(트버스키 교수는 1996년에 작고하여 함께 상을 받지 못했다). 이들이 제안한 전망 이론prospect theory에서는 손실과 이득에 따른 주관적 가치의 함수를 다음과 같이 그래프로 표현했다.

그래프를 확인해 보면 이득 구간에서의 가치 증가 속도보다 손실 구간에서는 가치 하락 속도가 더 빠르며, 이득과 손실이 극단으로 갈수록 주관적 가치의 증가나 하락 폭은 점점 줄어든다. 이들의 연구는 주관적 기대 효용뿐 아니라 인간이 가진 보편적 사고 특성이나 개인의 인지적 특성(기억이나 언어적 능력 등)들이 어떻게 우리의 확률 판단이나 의사 결정에 영향을 주고 체계적인 판단 오류를 유도하는지를 경험적 실험을 통해 보여 주고 있다.

여러분이 A서점에서 평소에 읽고 싶었던 책을 1만 5000원에 사려고 하는데, 옆에 있는 친구가 똑같은 책이 100m 떨어진 B서점에서 1만 원에 판다고 알려 줬다고 가정해 보자. 이때 여러분은 B서점으로 갈 것인가? 이 질문에 대한 선택을 먼저 생각해 보고 다른 상황에서의 선택을 하나 더 확인해 보자. 이번에는 오랜 기간 원하고 가지고 싶던 명품 시계를 A백화점에 가서 335만 원에 사려고 하는데, 옆에 있는 친구가 똑같은 시계를 100m 떨어진 B백화점에서 334만 5000원에 판다고 알려 줬다고 하자. 이때 여러분은 B백화점으로 갈 것인가?

아마도 여러분 중 대부분은 더 저렴하게 책을 사기 위해 B 서점으로 갈 테지만, 시계는 그냥 A백화점에서 사겠다고 결정할 것이다. 수업 시간에 학생들에게 같은 질문을 하고 확인한 결과도 마찬가지였다. 첫 번째 상황이나 두 번째 상황 모두 100m 걷는 수고를 통해 5000원의 이득을 얻을 수 있다는 점은 동일하다. 우리가 경제적으로 합리적 판단을 한다면 두 경우 모두 같은 행동을 해야 할 것이다. 하지만 사람들 대부분은 그렇게 하지 않는다. 카너먼과 트버스키의 전망이론에서 예측하는 것처럼, 같은 5000원이라도 1만 5000원에서 1만 원으로 비용이 줄어들 때 느끼는 주관적 가치는 335만 원에서 334만 5000원으로 비용이 줄어들 때 느끼는 가치보다 훨씬 크기 때문이다.

4000만 원 자동차에 가죽 시트 옵션으로 200만 원을 더 치르는 것에는 별 고민을 하지 않지만 거실 소파를 200만 원 들여서 새로 장만한다면 많은 고민을 할 것이다. 이 역시 같은 200만 원이라도 4000만 원에서 200만 원 증가할 때 느끼는 주관적 가치가 상대적으로 작기 때문인데, 우리가 거실에 앉아 있는 시간이 자동차 안에 앉아 있는 시간보다 훨씬 더 많음을 생각해 보면 우리의 판단이 그렇게 현명하지만은 않다는 것을 알 수 있다. 어디 이것뿐이랴, 결혼이나 장례 지출 비용 등을 보면, 전체적인 지출이 커진 상황에서 추가로 몇백만 원을 더 쓰는 것에 둔감해진 소비자를 상대로 한 마케팅은 곳곳에 숨어 있다.

경제적 가치 판단뿐 아니라 어떤 정책을 결정하고, 어떤 후보자를 대통령으로 선출할지 등 중요한 의사 결정을 해야 할 때도 위와 비슷한 기전이 작동될 수 있다. 가령, 카너먼과 트버스키의 연구에서, 사람들에게 600명이 바이러스에 걸려 목숨이 위태로운 상황에서 A라는 백신을 사용하면 200명을 살릴 수 있고, B라는 백신을 사용하면 33.3%의 확률로 모두 살리거나 66.6%의 확률로 모두 죽는다면, 어떤 백신을 선택할 것인지를 물어보았다. 실험 결과, 다수의 사람은 확실하게 200명을 살릴 수 있는 A백신을 선택했다. 하지만 "600명이 바이러스에 걸려 목숨이 위태로운 상황에서 C라는 백신을 사용하면 400명이 죽게 되지만, D라는 백신을 사용하면 33.3%의 확률로 모두 살리거나 66.6%의 확률로 모두 죽는다면, 당신은 어떤 백신을 선택할 것인가?"라고 물었을 때에는 다수의 사람이 D백신을 선택했다. 사실, 위의 모든 백신이 살릴 수 있는 기댓값은 200명으로 동일하다. 차이점은, 첫 번째 질문은 확실하게 살릴 수 있는 대안(백신 A)을 포함한 반면, 두 번째 질문은 확실하게 죽는 대안(백신 C)이 포함된 것뿐이다. 사람들은 같은 기댓값이라도 대안을 어떤 식으로 표현하느냐에 따라 의사결정을 달리했다. 이를 '틀 효과framing effect'라고 부른다. 확실하게 살릴 수 있는 쪽에 무게를 둬 제시된 A백신을 선호하고 66.6%의 확률로 모두 죽는 위험을 회피하는 방향으로 의사 결정을 하거나, 확실하게 400명이 죽는 C백신을 피하기 위해 D백신을 선택해 33.3%의 확률로 모두 살리거나 그렇지 않으면 모두 죽는 모험을 하는 방향으로 의사 결정을 한 것이다.

물이 반이나 남았다는 말이나 물이 반밖에 없다는 말은, 사실 물리적으로 같은 상태를 저마다 다른 '틀frame'에서 표현한 것뿐이다. 하지만 이렇게 다른 틀 안에서는 우리의 판단이 달라질 수 있다. A와 B, 두 명의 유력 후보가 경쟁하는 선거에서, "A후보에게 투표해서 A후보가 당선되게 해 주세요" 하는 말이나 "B후보에게는 투표하지 마세요. B후보는 절대로 당선되면 안 됩니다"는 말은 사실 같은 말이다. 하지만 전자는 이득에, 후자는 손실에 무게를 둬 판단을 내리게 한 것이고, 같은 이득과 손실의 양이라도 우리가 느끼는 주관적 가치는 손실 쪽에서 더 급격히 하락한다는 점을 이용한 네거티브 전략인 것이다.

인간의 판단과 의사 결정은 객관적인 데이터에 근거해 늘 합리적이고 이성적으로 이뤄지지 않는다. 중요한 것은, 우리가 언제, 어떤 상황에서 비합리적이고 비이성적인 판단을 하는지를 이해하는 것이다. 우리의 비합리적, 비이성적인 의사 결정 과정과 기전들은 과학적인 연구를 통해 예측 가능하며 설명할 수 있다. 많은 인지심리학자는 인간의 정보처리 과정에서 어떤 정보들이 선택되고 저장되어 의사 결정에서 어떤 방식으로 이용되는지를 연구함으로써 다양한 의사 결정 방식과 의사 결정에 영향을 주는 요인들을 밝혀 왔고 지금도 연구하고 있다.

지금까지 제한된 대안과 그것의 가치를 객관적으로 알 수 있는 상황에서 우리의 주관적 가치 판단의 왜곡 현상을 언급하였다. 하지만 실생활에서 우리는 가능한 한 모든 대안을 다 알기도 어렵고, 확률 역시 잘못 판단하는 경우가 허다하다. 더욱이 우리가 살아가면서 판단을 내리고 의사 결정을 내릴 때 어떤 결정이 옳았고, 어떤 결정이 다른 결정보다 더 나은지 알기 어려운 경우가 비일비재하다. 가령 대학생들이 취업을 고민할 때 무엇이 옳은 선택일지 어떻게 알 수 있을까? 어떤 배우자를 선택하고, 어떤 사원을 채용하고, 어떤 상품을 구입하고, 어떤 정치인을 국회의원으로 뽑을지, 우리의 결정이 옳았음을 어떻게 증명할 수 있을까? 누군가와 결혼해서 행복하게 살고 있다면 옳은 결정이라 생각할 수 있지만 다른 누군가와 결혼했다면 더 행복했을 수도 있다. 혹은 누군가와 결혼해서 불행하다고 잘못된 결정이라 생각할 수 있지만 다른 누군가와 결혼했다면 더 불행했을 수도 있다.

프로스트의 시 〈가지 않은 길〉처럼, 우리가 선택해서 가고 있는 이 길은 타임머신으로 시간을 되돌리지 않는 한 돌이킬 수 없고, 선택하지 않은 길에 대해서도 추측만 할 뿐 검증할 방법은 찾기 어렵다. 실생활에서의 의사 결정은 그 결정이 내려진 순간 시간과 공간의 제약 속에서 다른 변인들과 무수한 상호작용을 하며, 처음에 사소한 결정이 마치 '나비효과'처럼 나중에 미처 예상치 못한 커다란 결과를 낳을 수도 있다. 어느 대학에 갈지, 그리고 어떤 전공을 선택할지, 누구와 사귀고, 누구와 결혼할지 등을 결정하는 것이 모두 독립적인 의사 결정처럼 보여도 어쩌면 결혼할 상대를 선택하는 결정 이전에 자신이 선택한 대학과 전공에 의해 혹은 어릴 적 부모님의 이사 결정에 의해 영향을 받은 것일 수 있기 때문이다.

모든 대안을 꼼꼼히 다 따져 가며 최선의 결정을 했다고 해도, 그 결정에 대해 우리가 생각했던 주관적 가치나 혹은 만족감이 그대로 유지되는 것도 아니다. 오히려, 가능한 한 모든 대안을 다 고려해서 내린 결정이, 모든 대안을 다 고려하지 않고 마음에 드는 대안이 나타날 때까지만 찾아보고 결정을 내리는 경우보다 만족

도는 더 떨어진다는 연구 결과도 있다. 더욱 흥미로운 연구 결과가 네덜란드의 심리학자인 데이크스테르하위Ap Dijksterhuis와 그의 동료들에 의해 2006년 〈사이언스〉에 발표되었는데,[54] 이들은 복잡한 판단 과제일수록 의식적으로 여러 대안들에 대해 고민하는 것보다 무의식적으로 생각하는 시간(가령 대안들을 의식적으로 생각하지 않고 그것과는 무관한 다른 활동을 하면서 보내는 시간)을 갖는 것이 더 나은 의사 결정을 하는 데 도움이 된다는 것이다.

때로는 아니 매우 자주, 판단과는 전혀 무관한 요인들이 우리의 의사 결정에 영향을 주기도 한다. 법원 판사의 결정이 모두 정의롭고 공정하다고 생각하는가? 판사의 성향에 따라 재판 결과가 달라질 수 있다. 하지만 재판 내용과 상관없이 판사가 아침 식사를 했을 때와 그렇지 않을 경우 판단이 달라지기도 할까? 같은 범죄에 대해 배가 고플 때 피고에 대해 더욱 가혹한 판결을 내기도 할까?

이스라엘의 인지심리학자인 샤이 댄지거Shai Danziger 교수와 그의 동료들이 수행한 연구에서,[55] 가석방 여부를 심사할 때 위원회가 점심을 먹기 전, 배고픈 상태에서 판결한 사건은 거의 대부분 허가가 나지 않았지만, 점심 식사와 휴식 직후에 심사한 사건은 약 60%가 가석방 허가가 되었음을 발견하였다. 가석방 결정이 순전히 법과 사실에만 근거한 판단이 아닐 수 있음을 보여주는 것이다. 만약 중요한 평가를 받는 시간을 선택할 수 있다면, 당신은 점심 직전을 선택하겠는가? 아니면 점심시간 이후를 선택하겠는가?

인간의 의사 결정 과정은 우리가 생각하는 것처럼 언제나 합리적이지도, 객관적이지도 않다. 더욱이 위험이 존재하는 상황에서는 일정한 편향이 일어나고, 우리의 기억이나 표현 방식, 몸 상태에 따라서, 그리고 심지어 무의식적으로 처리되는 정보들에 의해서 시시각각 영향을 받는 것이다.

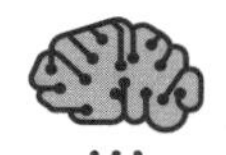

인간의 본성은 정해져 있는가

인간의 본성은 선할까? 악할까? 아니면 선하지도 악하지도 않은 중립적이거나, 경험을 통해 습득되는 것일까? 인간의 본성에 관해서는 우리가 학창시절 배웠던 맹자와 순자의 성선설과 성악설을 비롯해 동서양의 많은 철학자와 종교인에게, 그리고 문학과 예술에서 단골 주제로 다뤄져 왔다. 비단 철학자나 종교인이 아니더라도 일반 대중 역시 인간의 본성에 관한 나름대로 생각과 근거들을 지니고 있다.

대부분 심리학자는 1879년 독일의 라이프치히 대학에 빌헬름 분트Wilhelm Maximilian Wundt가 심리학 실험실을 만든 해를 심리학의 원년으로 생각하고 있다. 그 이유는 실험실 연구를 통해 인간의 마음과 행동에 대한 이해 방식을 과거 사념적이고 주관적인 것에서 객관적이고 과학적인 것으로 바꾸려는 중요한 시도로 보았기 때문이다.

인간의 도덕적 행동과 판단에 대해서도 심리학자들은 다양한 경험적 관찰과 과학적 실험을 통해 연구를 진행해 왔다.[56] 일반적으로 심리학자들은 무엇이 선이고 무엇이 악인지를 선불리 규정하려고 하지 않는다. 그보다는 어떤 사람들이 어떤 상황에서 어떤 행동을 선하거나 혹은 악하다고 판단하고 또 실제로 어떤 행동을 하는지에 관심이 있으며, 사람들이 그렇게 생각하거나 행동하는 이유나 기전은 무엇인지 이해하려고 노력한다.

성경에 나오는 '선한 사마리아인' 이야기는 기독교인이 아니더라도 한 번쯤은 들어 봤을 것이다. 어떤 사람이 길에서 강도를 만나 가진 것을 빼앗기고 피를 흘리고 쓰러져 있는데 그 길로 제사장이나 레위인(당시 종교 지도층)이 지나가며 봤지만 도와주지 않았고, 결국 어떤 사마리아인(당시 사회적으로 배척받던 사람)이 그 사람을 정성껏 도와줬다는 이야기다. 과연 누가 우리의 이웃인지를 생각하게 하는 예수님의 말씀으로 성경에 기록되어 있다.

이 이야기와 관련해 1973년 미국 프린스턴대의 심리학자 존 달리John darley와 대니얼 뱃슨Daniel Batson이 재미있는 실험을 했는데,[57] 신학생들을 무작위로 두 집단으로 나눴다. 한 집단에게는 성경의 '선한 사마리아인'과 관련된 자신의 생각을, 다른 집단에게는 신학생들이 잘할 수 있는 일이나 직업에 대한 생각을 얘기해 달라고 요청했다. 그리고 이를 녹음하기 위해 다른 건물에 있는 사무실로 이동해 달라고 부탁했다. 이동 요청을 하면서, 어떤 신학생들에게는 시간이 없으니 서둘러 가라고 지시했고 어떤 신학생들에게는 시간 여유가 조금 있으니 일단 이동한 후 잠시 기다렸다가 설교하라고 얘기했다. 그리고 연구자들은 각 신학생의 이동 경로에, 쓰러져서 호흡 곤란을 겪는 한 사람(신학생들은 모르는 연구 조력자)을 배치해 두었다. 연구자들은 어떤 조건의 신학생들이 곤경에 빠진 사람을 도와주는지 알아보고자 한 것이다.

'선한 사마리아인'에 대해 생각하도록 한 사람과 그렇지 않은 사람들 간에 차이가 있었을까? 실험 결과는, 이 두 집단 간에 아무런 차이도 없는 것으로 나타났다. 어려움에 처한 사람을 도와주는 것과 관련된 설교를 할 사람이나 그렇지 않은 사람이나 이타적 행동을 실제로 하는 것에는 별 상관이 없는 것으로 나타난 것이다. 다만 시간적 여유가 있던 사람들은 쓰러진 사람에게 63%가 도움을 주었다면, 반면에 서둘러 이동하도록 한 사람들은 10%만이 도움을 주었다. 시간적 여유가 있거나 없는 상황이 그 사람을 '선한 사람'으로도, 그렇지 않은 사람으로도 만든 셈이다.

앞으로 목회자나 신학자가 될 사람이라고 해서 일반인보다 곤경에 빠진 사람을 더 도와주고 더 도덕적인 행동을 할 것이라 기대했다면 여러분은 실망할지도 모른다. 더욱이 이타적 행동의 중요성을 이야기하는 사람이라고 이타적 행동을 더 많이 할 것이라는 기대를 할 수 없음을 이러한 실험의 연구 결과가 말하고 있다. 우리는 이미 법과 윤리를 소리 높여 외치던 지도층 가운데 우리에게 실망과 충격을 준 사례가 적지 않았음을 알고 있다.

실제로 많은 심리학 연구에서 어떤 사람이 어떤 행동을 하는 이유를 그 사람의 내적인 기질이나 성격, 인격, 능력 때문이라고 생각하는, 일종의 내적 귀인 오류를 범하고 있음을 경고하고 있다.[58] 누군가 성공하거나 실패했다면, 그 사람의 성품이나 능력이 좋거나 나쁘다고 쉽게 판단해 버린다. 그래서 우리는 사람이 선한지 악한지와 같은 인성 문제에 지나치게 집착해 왔는지도 모른다. 하지만 실제로 우리의 많은 행동은 단순히 운이나 환경, 그리고 매순간 처한 상황이나 상태에 의해 큰 영향을 받고 있음을 많은 연구는 보여 주고 있다.[59]

앞서 '선한 사마리아인' 실험은 누군가를 도와주는 이타적 행동과 관련된 하나의 실험이고, 우리 대부분은 이타적 행동을 '선한' 것으로 생각한다. 눈앞에 어려운 사람을 돕는 이타적 행동은 아니라도, 부정한 방법으로 이득을 취할 수 있음에도 욕심을 부리지 않고 정직하게 행동하는 것 역시 우리는 '선한' 것으로 생각한다.

여러분은 납세 의무나 병역 의무를 불법적인 방법으로 피할 수 있다면 그렇게 하겠는가? 영화나 서적을 불법으로 복제하거나 전송받을 수 있다면? 부정행위 등 정당하지 않은 방법으로 시험 성적을 높일 수 있다면? 거짓말을 해서 이득을 얻을 수 있을 때 그렇게 하겠는가?

큰 이득이 기대될 때 우리 뇌의 중격측좌핵nucleus accumbens이라는 영역이 활성화되는데, 이 영역이 상대적으로 더 활성화되면 속임cheating과 같은 부정직한 행동이 나타날 가능성이 커진다는 것이 2014년 아베Nobuhito Abe와 그린Joshua David Greene의 연구에서 밝혀진 바 있다.[60] 어떤 사람이 이 영역에서 상대적으로 더 큰 활성화를 보이게 되는지는 더 연구가 필요하지만, 욕심이 과하면 죄악을 낳는다는 신경학적 기전을 보여 주는 것이다.

정직과 관련된 두 개의 대표적 가설이 있다. 하나는 품위grace 가설이고, 다른 하나는 의지will 가설이다.[61] 품위 가설은 성선설과 유사하게, 사람들은 원래 정직한 본성이 있어서 정직한 것은 자동적이고 쉬운 것이며, 때때로 부정한 방법으로 이득을 취하려 할 때는 정직한 본성을 억누르는 인지적 노력이 필요하다는 가설이다. 이와는 정반대로, 의지 가설은 성악설과 유사한 것으로, 사람들은 본래 이기적이고 부정직해서, 정직하려면 유혹에 저항하는 노력 등 인지적 통제가 필요하다는 것이다.[62]

흥미롭게도 그동안 다양한 경험적 연구가 이 가설들을 검증하기 위해 수행되었으나 어떤 연구들은 품위 가설을, 또 다른 연구들은 의지 가설을 지지하는, 모순된 결과가 나왔다. 가령 이전 연구들을 보면, 사람들이 거짓말을 할 때보다 진실을 얘기할 때 더 빠르게 반응하는 것과 시간 압박이 있거나 인지적인 부담이 있을 때 거짓말을 덜 하는 것을 발견한 연구(품위 가설 지지)도 있지만,[63] 반대로 잠을 못 자게 하거나 인지적 자원이 고갈된 상태에서 부정직한 행동이 더 유발되는 것을 보이는 연구(의지 가설 지지)도 있다.[64] 이런 모순적 연구 결과가 나타난 이유 중 하나는 이들이 연구에서 사용한 과제와 실험 방법 차이 때문일 수 있으며, 특히 대부분의 이전 연구들은 실험실 상황에서 집단 자료만을 분석해 어떤 시행에서 누가 거짓말을 하고 안 하고를 특정하기 어려웠다는 한계점을 지니고 있었다.

우리는 법과 윤리, 규범을 잘 지키며 '선한 사람'의 이미지를 유지하려는 생각과 부정한 방법으로 이득을 보려는 유혹 사이에서 갈등을 겪기도 한다. 네덜란드의 세바스티안 스피어Sebastian Speer와 그의 동료들이 2020년 국제 학술지 〈미국국립과학원회보〉에 흥미로운 연구 결과를 발표했다.[65] 사람들의 정직(혹은 부정)과 인지적 통제 간의 관계를 행동 실험과 뇌의 기능적 자기공명영상fMRI 기법을 이용해 살펴본 것이다.

스피어와 동료들이 수행한 연구에서는 특정 시행에서 누가 거짓말을 하는지 알 수 있었고 이들이 실험에서 얼마나 속였는지, 그리고 이들이 속이거나 혹은 그렇지 않을 때 뇌에서 일어나는 인지적 통제와 관련된 변화를 측정했다. 우선 실험 참가자에게는 인간의 시각 탐색 과정을 알아보기 위한 연구라고 소개한 후, 화면에 그림 한 쌍이 나오면 이 그림에서 다른 곳 3곳을 찾도록 요구했다(다른 그림 찾기 과제). 한 쌍의 같은 그림 중 하나의 그림에 어떤 사물을 지우거나 혹은 추가하기도 하고 색을 바꾸는 방식으로 다른 곳을 만들었는데, 참가자에게는 한 쌍의 그림에 다른 곳이 3곳이 있으니 그것을 모두 찾으면 '예스yes' 단추를 누르라고 지시했다. 각 참가자에게 총 144개의 그림 쌍을 순차적으로 제시했다. 이들 중 절반(72개 쌍)은 실제로 다른 곳이 3개 있었지만, 나머지 72개의 그림 쌍은 다른 곳이 한두 개밖에 없었다. 이때 실험 참가자들은 모든 그림 쌍에 다른 곳이 3개 있다고 믿고 있었다. 각 그림 쌍은 6초 동안 제시되었고, 시행할 때마다 참가자가 다른 곳 3곳을 모두 찾았다고 보고하면 상금을 주었다.

정직하게 반응한다면 참가자들은 절반의 시행에서만 '예스' 반응을 하고 나머지 절반에서는 반응하지 않아야만 한다. 하지만, 이 실험에서 참가자들에게 다른 곳 3곳이 어디인지를 묻지 않기 때문에 참가자들은 더 큰 상금을 받기 위해 나머지 절반의 시행에서도 얼마든지 '예스' 반응(이 경우 거짓말)을 할 수 있는 상황이었다. 연구자들은 한두 곳만 다른 그림 쌍에서 어떤 사람이 거짓말을 하는지 혹은 정직하게 대답하는지 알 수 있었고, 이때 이들의 뇌에서 어떤 변화가 일어나는지 뇌 영상을 통해 관찰했다.

실험 결과, 참가자 40명의 속임 행동은 그야말로 천차만별이었다. 총 72번의 속일 수 있는 시행에서 한두 번만 속인 참가자(정직한 참가자)도 있었던 반면 한두 번만 정직하게 반응한 참가자(부정직한 참가자)도 있었다. 상금을 받기 위해 사람들은 평균 26%의 거짓말을 했지만, 거짓 반응을 한 정도는 사람마다 아주 낮은 정도부터 아주 높은 정도까지 골고루 분포한 것으로 나타났다. 평범한 대학생들과 일반인들이 보인 객관적 결과는 우리 주변엔 정직한 사람도 있고 그렇지 않은 사람도 있다는 사실을 보여 준다. 여기까지는 어느 정도 예상한 그리 놀라운 발견은 아니다.

이 연구의 재미있는 발견은, 우리 뇌에서 인지 통제와 관련이 있는 전대상피질anterior cingulate cortex과 하전두회inferior frontal gyrus의 활성화가 정직한 사람과 부정직한 사람에게 각기 다른 방식으로 표출된다는 점이다. 이 영역이 활성화될 때 평소에 정직한 사람들은 거짓말을 하게 되고, 평소에 거짓말을 잘하는 사람들은 반대로 정직하게 된다. 다시 말해서, 정직한 사람이 거짓말을 할 때나 사기꾼이 정직한 언행을 하는 것은 인지적 노력이 필요한 것이다.

비록 최근 연구가 정직과 속임 행동만을 대상으로 측정했지만, 이를 선과 악의 차원으로 확장해 생각할 때, 악한 사람이 선한 행동을 하게 만드는 뇌 영역과 선한 사람이 악한 행동을 하게 만드는 뇌 영역이 같은 곳이라는 점은 시사하는 바가 크다. 윤리적 혹은 비윤리적 행동이 같은 곳과 연관된 것이다. 같은 칼로 사람을 살릴 수도(외과 수술), 사람을 죽일 수도(범죄) 있는 것과 유사하다. 하지만 같은 칼(앞서 언급한 특정 뇌 영역)이 선한 사람에게는 범죄로 악한 사람에게는 선행으로 이어진다는 점은 아이러니하다. 그 칼이 일종의 윤리적 도전과 통제, 고민 등과 관련된 것(그와 관련된 뇌 영역)으로 생각한다면, 선하고 정직하게 살아온 사람들에게는 칼을 주어서는 안 된다. 갈등하고 고민하지 않게 유혹하거나 힘들지 않게 그냥 두면 된다. 반면에 악한 사람들에게는 도전과 고민의 칼을 주어 통제력을 갖고 선한 행동을 선택하게 만들어야 한다. 한마디로, 우리 사회가 더 '선한' 사회로 나아가기 위해서, 선한 사람은 고민하지 않고 악한 사람은 고민하게 하는 환경이 필요하겠다. 선한 사람들이 납세나 병역을 고민하게 되면 우리 사회의 미래는 어두울 수밖에 없을 것이다.

다시 처음 질문으로 돌아가 보자. 인간의 본성은 선한가? 어쩌면 이 질문은 인간의 행동을 과학적으로 연구하는 사람들에게는 그리 중요한 것이 아닐지도 모른다. 논쟁이나 헤게모니hegemony를 좇는다면 모를까, 이미 우리의 인성이 유전과 학습의 결과물임을 알고 있다. 또한 우리 사회의 구성원들은 정직과 부정 혹은 선과 악이라는 양극단보다는 그 사이의 스펙트럼상에 널리 분포되어 있음을 알고 있다. 선한 사람도 가끔은 부정한 행동을 하고, 악한 사람도 가끔은 선한 행동을 한다. 어떤 행동이 표출되는지는 상황과 손익을 의식적으로든 혹은 무의식적으로든 어떻게 받아들이는지에 달려 있다.

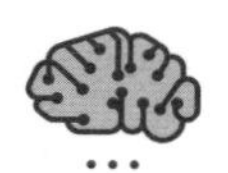

진화론이 보내는 메시지

우리가 살아가는 이유는 무엇일까? '왜 사냐건/웃지요'라는 김상용 시인의 표현처럼, 삶의 이유를 물어 온다면, 웃음으로 답할 수도 있겠다. 인간은 끊임없이 존재 이유를 물어 왔고, 알고 싶어 한다. 그 때문에 삶에 대한 수많은 고민과 제언들이 우리의 생각이라는 방 안에 언젠가부터 폐품처럼 쌓여 가고만 있다. 지금 이 순간에도 쏟아져 나오는 온갖 말의 유희는 생각의 방을 잠식하려 든다. 결국 우리는 그렇게 갇혀 버려 오도 가도 못하는 신세가 된 듯하다.

인간의 마음을 연구하는 심리과학자들은 일반적으로 어떤 가치가 옳은지, 어떻게 사는 것이 옳은지를 선뜻 이야기하지 않는다. 대신, 심리학자들은 사람들이 어떤 가치를 옳다고 생각하고 어떻게 사는 것이 좋다고 생각하는지, 그리고 왜 그렇게 생각하는지에 대해 관심을 갖는다. 그리고 그러한 생각들이 개인에 따라, 상황에 따라, 그리고 시대에 따라 어떻게 달라지는지를 연구한다. 또한 개인의 성향이나 종교, 경제, 문화 등 상황에 따라 자기 삶의 목적을 어떻게 달리 생각하고, 그러한 생각이 실제 자신의 행동이나 판단에 어떤 영향을 주는가를 관찰하고 연구한다.

물론 왜 사는지, '왜 나는 너를 사랑하는가?'에 대한 시나 소설 등 예술 작품들은 우리에게 놀라운 통찰과 즐거움을 준다. 하지만 과학자들은 어떤 대상을 연구할 때 자신의 주관적 신념이나 편향 없이 객관적이고 체계적인 방법으로 그 대상을 바라보려고 노력한다. 그래서 과학에서는 누가 어떤 대상을 연구하든지 그 대상에 대한 연구 결과가 바뀌는 일은 거의 없다. 내가 어떤 물질(예로 암모니아)을 조사해서 분자 구조를 밝혀냈고, 그 물질이 알칼리성이라는 것을 알아냈다면, 다른 사람이 연구해도 같은 결과가 나올 것이다. 적어도 객관적이고 체계적인 방법을 사용했다면 그래야만 한다. 하지만 과학적 방법이 아닌, 상식이나 통찰에 의해 주관적 신념이나 가치가 개입되는 주제라면 상황은 달라진다. 내가 생각하는 상식이 다른 사람의 상식과 다를 수도 있고, 서로 모순되는 주장이나 생각들이 검증할 수 없는 상태로 소모적인 논쟁만 계속되기도 한다. 심지어는 과학적으로 근거 없음이 밝혀진 잘못된 상식이 그대로 통용되는 경우도 허다하다.

사실 마음을 연구하는 한 사람의 심리과학자에게 '삶의 목적'은 너무 큰 질문일 수 있다. 어떤 심리학자는 기억을 주로 연구하고 어떤 심리학자는 평생 시각vision만을 연구한다. 하지만 이러한 마음의 요소들도 각기 목적이 있다. 기억은 입력된 정보를 효율적으로 저장했다가 인출하는 목적이 있고, 시각 역시 외부의 대상이 무엇이고 어디에 있는지를 알기 위한 것이다. 그리고 이러한 상위 목적은 다시 그것을 달성하기 위한 하위 목적으로 나뉘는데, 가령 대상이 무엇인지 알기 위해서는 그것의 형태와 색 등을 알아야 하고, 다시 형태를 알기 위해서는 그것의 모서리나 윤곽선 등을 알아야 한다. 하위 단계에서 상위 단계의 목적을 이루기 위해서 마음에서 어떤 알고리즘이나 정보처리 과정이 일어나는지를 심리학자들은 연구한다. 이런 퍼즐 조각들을 하나하나 맞추어 가며 인간 마음의 요소들이 작동하는 방식, 그리고 이들이 상호작용하는 방식들을 연구하며 마음이라는 큰 그림을 맞춰 나가는 것이다. 그렇다면 기억이나 시각, 감정과 같은 마음의 요소들을 모두 아우르는 우리 마음이 작동하는 목적은 무엇일까? 그것은 마음의 주인인 개체가 환경에 적응하고 생존하고 번식하게 만드는 것이다.

최근 심리학에서는 진화적인 관점에서 인간의 행동과 마음을 이해하고 설명하려는 시도가 활발하다. 매우 영향력 있는 현대 과학 이론 중의 하나인 다윈의 진화론은 생명체의 진화를 말하고 있지만, 이러한 진화적 관점과 이론들은 우리의 마음에도 적용이 가능하다. 생존에 유리한 마음과 행동이 살아남아 후대에 전달되고 그렇지 않은 마음은 도태되거나 사라지는 것이다. 석기시대부터 수백만 년 동안 적응적 문제들을 해결하기 위해 뇌의 특정한 구조나 회로가 진화하였고, 오랜 기간 수렵과 채집을 하던 원시시대의 마음이 현대인의 뇌에도 여전히 남아 있다.

사람들은 생존과 관련해서 생각할 때 기억 수행을 가장 잘하는 것으로 나타났다. 이는 2007년 미국 퍼듀대 심리학자들의 연구 결과에서는[66] 물론 2010년 나의 연구실에서 발표한 연구 결과에서도[67] 확인되었다. 실험 참가자들에게 일련의 단어를 하나씩 보여주고 과거 원시시대처럼 맹수들이 있는 초원에 홀로 남겨지는 상황을 상상하면서 각 단어가 얼마나 필요하고 중요한지 점수를 매겨 보라고 했다. 이때 이사하는 상황을 상상하거나 단어의 이미지를 떠올리는 조건 등 생존 조건과는 관계가 없는 다른 조건들보다도 높은 기억 수행률을 보인 것이다. 특히 같은 생존 조건이라고 해도 원시적인 초원을 상상하는 것이 도시에서 전투가 벌어지는 생존 조건보다도 더 높은 기억 수행률을 보인 점도 흥미롭다.

사실 우리 뇌의 진화는 수백만 년 동안 원시시대에 진행되었고, 어쩌면 우리 인류 조상들 대부분이 생존해 오면서 가장 많은 시간을 보낸 초원의 상황은 우리 기억이 가장 효율적으로 작용하는 환경일 수 있다. 생존과 관련된 것이면 우리는 거의 자동적으로 잘 기억한다. 이유는 간단하다. 생존과 관련된 것들을 잘 기억하는 사람들만이 살아남아 후손을 남겼고, 우리는 그들의 후손이기 때문이다.

이처럼 적응적 마음도 있지만, 어떤 마음은 원시시대에는 적응적이었어도 오늘날에는 더 이상 적응적이지 않은 마음도 있다. 가령, 먹을 것이 귀했던 원시시대에는 달고, 짜고, 기름진 음식은 생존에 중요한 에너지원이었고, 이것을 좋아하는 것은 수백만 년 동안 적응적 마음이었다. 그러나 먹을 것이 넘쳐 나는 오늘날 이러한 마음은 더 이상 적응적인 것이 아니다. 오히려 성인병을 유발하기 때문에 경계해야 할 대상이라는 것을 알고 있다. 하지만 원시시대를 거쳐 온 우리의 뇌는 아직도 기름기가 많은 A++ 등급의 소고기에 더 많은 돈을 기꺼이 내고자 한다.

진화는 세대와 세대를 거쳐 매우 느리게 진행되기 때문에 급격한 환경의 변화에 적응하는 데에는 무용지물이다. 하지만 우리는 '학습learning'이라는 기전을 통해 시시각각 변화하는 환경에 적응하며 더 나아가 환경의 일부까지도 변화시킬 수 있게 되었다. 물론 크게 보면 학습 능력도 진화의 산물이기도 하다.

또한 인류는 다양한 생존 환경에 놓이면서 다양한 문화를 발전시켰다. 오늘날 동서양의 문화와 마음이 다른 것도 각 환경이 다르고 그 환경에서 생존하기 위해 중요하게 지켜 온 규범과 가치가 다르기 때문이다. 농업이나 어업을 통해 먹을 것을 얻어 온 동양에서는 협업이 생존에 중요했고 그에 따라 집단주의적 문화가 발달했다. 반면에 목축업을 주로 했던 서양문화는 개인주의적 문화가 발달했다.

그렇다면 인류가 경험한 가장 큰 변화는 무엇일까? 인류학자, 역사학자들이 그동안 인류가 겪은 여러 변화를 이야기했지만, 가장 큰 변화는 우리가 살고 있는 이 시대에 일어나고 있다고 생각한다. 만일 100년마다 한 번씩 지구에 와서 지구의 생명체를 조사하는 외계 생명체가 있다면, 현재 인류가 과연 과거 15만 년 동안 조사했던 그 호모사피엔스가 맞는지 깜짝 놀랄 것이다.

그 이유는 인류가 그동안 모든 대륙에서 평균 수명 40세를 넘지 못했는데, 이제는 그 두 배를 훌쩍 넘게 살고 있기 때문이다. 현 인류는 어릴 때부터 예방 접종을 통해 선천적인 것에 더해 획득된 면역체계를 갖추고 있다. 각종 치료제와 의료기술의 발전은 우리의 수명을 연장해 놓았다. 최근 유전자 가위 개발 등 인간의 생명과 관련된 과학 기술 역시 과거 호모사피엔스와는 다른 그야말로 새로운 인류 탄생의 서막을 알리고 있다.

우리는 더 이상 과거의 인류가 아니다. 우리의 핏속에는 과거 호모사피엔스에게 없었던 다양한 항체가 준비되어 있어, 이미 100년 전 우리 조상과는 생물학적으로도 다른 몸을 갖고 있다. 인간의 수명이 늘어난 이 엄청난 변화가 우리의 생각과 행동에 어떻게 반영되고 있을까?

통계청에서는 2020년 대한민국 총 출생아 수가 27만 명을 조금 넘겼을 뿐이라고 밝혔다.[68] 이는 1970년 통계 작성 이래 최저 수치인 셈이다. 한 명의 여성이 평생 낳을 것으로 예상되는 평균 출생아 수를 의미하는 합계출산율도 0.84명이 되었다. 2018년에 이미 합계출산율은 1명 기준보다 떨어져 왔고, 이후 급격하게 하락하고 있는 것이다. 이는 세계 최저, 역대 최저 수준이며, 사망자 수가 출생아 수보다 커 자연 인구 감소가 시작되었다고도 할 수 있다. 정부도 문제의 심각성을 인식해 다양한 출산 장려 대책을 내놓고는 있지만, 백약이 무효한 상태다. 왜 그럴까?

한편으로는 젊은 세대에게 결혼과 출산을 하지 않는 이유를 물으면 결혼하기 어렵고 아이를 낳아 키우기 어려운 환경 등을 이야기한다. 물론 맞는 이야기이기도 하지만 진짜 이유는 훨씬 더 깊숙한 곳에 숨어 있다. 집을 마련하기 어렵고, 아이들을 키우기 어려운 환경이 결혼과 출산을 포기하는 이유의 전부라면, 과거 보릿고개를 겪으며 고생했던 우리 조상이나 혹은 6·25전쟁을 겪으며 방 한 칸 마련하기 힘겹고 하루 벌어 하루 먹고살기 급급했던 불과 몇십 년 전에는 지금보다 출생률이 더 낮았어야 했다. '나 때는 말이야'로 젊은이들에게 훈수를 두려는 이야기가 아니다. 우리는 자신이 알지 못하는 행동의 원인에 대해 그럴듯한 이유를 만들어내는 재능을 갖고 있다. 이성적이고 문화적인 예쁜 포장지로, 마음과 행동을 움직이는 본능적이고 생물학적 기저 원인을 감추는 것이다.

진화적 관점에서 보자면, 인간은 개인 수준부터 가족, 사회, 민족 혹은 전체 인류라는 다양한 수준에서, 각 수준의 생존과 번식이라는 최종 목적에 무엇이 부합하고 또 무엇이 위협이 되는지 민감하게 알아채도록 진화해 왔다. 개인적인 이유로 혹은 경제적인 이유로 결혼을 꺼리거나 아이를 낳지 않겠다고 판단할 수 있지만, 집단 전체로 봤을 때는 지금의 저출산이 그렇게까지 큰 위협은 아니라는 집단적 사고가 형성되었기 때문일 수 있다. 즉, 집단의 생존을 위한 전략 가운데 저출산이라는 집단 마인드가 생길 수 있다는 얘기다.

쥐의 경우, 넓은 공간에서 먹이가 풍부할 때에는 번식을 왕성하게 하지만, 제한된 공간에서 한정된 자원에 개체 수가 많아지면 동성 성행동을 보이는 비율이 증가하고 이를 통해 번식이 조절되는 현상이 나타난다. 제한된 공간과 먹이라는 환경에서 계속된 번식은 종족 전체를 파멸로 이끌 수도 있기 때문이다. 쥐들에게 동성애同性愛에 대한 별도의 문화적 포장지는 필요 없다. 단지 동성애적인 유전 형질을 많이 가진 개체가 상황에 따라 쉽게 발현될 뿐이다.

과거, 영아 사망률도 높고 인구가 적었던 시절에는 종족의 번식을 위해 자식을 많이 낳는 것은 선이요, 그렇지 못한 것은 악이었다. 자식을 낳을 수 없는 동성애 역시 큰 죄악으로 여겼다. 하지만, 이제는 동성 결혼을 법으로 인정하는 국가가 늘어나고 있다. 끊임없이 변화하는 환경에 적응하기 위해, 종의 생존을 위한 기준도 변할 수 있으며 우리의 포장지(문화나 제도)도 바뀌고 있음을 보여주는 예다. 문제는 이런 의식적 사고나 관념, 문화의 포장이 급격한 환경 변화의 속도를 미처 따라가지 못해 적시에 대처하지 못하거나 소수의 인권에 고통을 줄 수 있다는 점이다.

결국, 인류의 수명 연장과 더불어 우리가 직면한 다양한 환경의 변화(지구온난화, 자원의 고갈과 분배, 세계화, 소셜미디어와 인공지능 발전, 노동 구조와 가정 구조의 변화, 유전자 가위를 비롯한 생명 윤리와 관련된 다양한 문제)가 우리의 출생률 하락뿐 아니라 우리의 마음과 행동에 어떤 방식으로 영향을 주는지를 이해하고 대처하는 것이 필요하다. 환경은 급격하게 바뀌는데, 제도와 문화의 변화가 그 뒤를 제대로 따라가지 못하면 그 집단은 도태될 것이기 때문이다.

07

삶의 방향을 정하는 컨트롤러

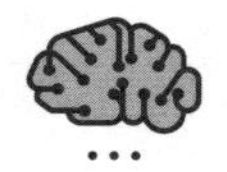

문제적 인간

문제없는 인간은 없다. 우리는 과거에도 그랬고 미래에도 그러하겠지만, 오늘도 크고 작은 문제들과 함께 살고 있고 대부분 그 문제들을 해결하고 싶어 한다. 건강이 안 좋거나, 재정적으로 어렵거나, 또는 인간관계가 힘든 개인적 문제부터 지구촌 전체가 겪은 코로나-19 문제, 전쟁과 기근, 기후 문제 등 우리는 수많은 문제에 포위되어 살고 있다.

'문제problem'는 원하는 목표 상태에 도달하려는 데 어려움이 있을 때 발생한다. 현재 상태가 목표 상태로부터 떨어져 있고 목표 상태로 가는 과정에 장애물이 있는 경우 문제가 발생하는 것이다. 장애물을 넘어서 목표 상태로 가는 것을 문제 해결problem solving 과정이라 부르며, 인지심리학자들은 사람들이 문제를 해결하기 위해 노력하는 동안 마음속에 어떤 일들이 일어나는지를 연구해 왔다.

너무도 당연한 이야기지만, 단순히 기억하는 것을 인출하거나 배운 기술을 그대로 사용해서 해답을 찾는다면 문제 될 것이 없다. 회사에 들어가서 이미 배운 지식이나 기술만을 이용해 일을 하는 사람에게 그 일은 아무 문제가 없다. 문제는 해답을 즉각적으로 찾기 어려울 때 생긴다. 어느 교과서에도 없고 해결을 위한 정해진 방식도 없는 문제에 직면할 때 우리는 경험을 통해 얻은 지식과 창의적 통찰 등을 총동원해서 그 문제를 해결할 수밖에 없는 것이다.

오늘날 개인용 컴퓨터와 스마트폰 시대를 연 혁신의 아이콘, 고 스티브 잡스Steve P. Jobs가 새로운 정보기술IT 제품을 개발할 때 대학의 전산과나 공대에서 배운 지식을 그대로 이용했다는 이야기를 들어본 적이 없다. 실제로 스티브 잡스 역시 철학과 중퇴의 학력을 가지고 있다. 대학에서 배운 내용만으로 평생 먹고살 수 있다면 아마도 그 일은 전혀 도전적이지 않은, 문제없는 일일 것이며 경쟁하고 발전해야 하는 산업 생태계에 있는 회사라면 그런 일을 하는 사원은 큰 도움이 되지 않을 것이 뻔하다.

가끔 대학 진학을 앞둔 고등학생이나 학부모로부터 어떤 학과에 가는 것이 취직에 도움이 되는지 질문을 받곤 한다. 대학생들도 어떤 전공을 하면 무슨 일을 할 수 있는지를 묻기도 한다. 이런 질문을 받을 때마다 질문한 사람에게 무엇을 하고 싶은지, 혹은 무엇에 관심이 있는지를 되묻는다. 그리고 본인이 하고 싶은 일을 하는 데 도움이 되는 일(특정 분야의 지식이나 경험)과 장애물(진입 장벽이나 환경적 어려움 등)이 무엇인지를 파악하고 계획하여 실행해 나가기를 권한다. 전문화된 일부 전공이 아닌 이상 대학은 특정 업무를 수행하는 직업인 양성을 목표로 가르치는 곳은 아니기 때문이다. 결국 학교를 졸업하면 창업이든 취업이든 새로운 환경, 새로운 상황에서 끊임없이 배우면서 새로운 문제들을 해결해야 한다. 중요한 것은 새로운 문제가 생겼을 때 그 문제를 얼마나 성공적으로 해결하는가이다.

은행에서 비싼 돈을 들여 현금자동지급기를 설치했는데 고객들이 잘 사용하지 않는다면 어떻게 해야 할까? 새로운 상품을 만들거나 홍보해야 하는 프로젝트를 맡았다면 어떻게 해야 할까? 코로나-19 이후에 갑자기 시작된 비대면 교육이나 비대면 업무의 장기화가 향후 지구촌의 산업 및 교육 생태계에 어떤 변화를 일으킬 전망이며 또 우리는 그 변화에 어떻게 대응해야 할 것인가? 교과서를 찾아봐도 해답이 나오질 않는다. 바로 문제 해결 능력이 필요한 순간이다. 그래서 기업에서 사람을 채용할 때 주로 무엇을 봐야 하는지 묻는다면, 나는 특히 문제 해결 능력의 중요성을 강조한다. 문제 해결 능력이 뛰어난 한 사람이 기업을 살릴 수 있고, 그 기업의 수십 년 미래 먹거리를 만들어 낼 수도 있기 때문이다.

문제는 어디에나 있다. 다만 문제의식이 있느냐 없느냐의 차이만 있을 뿐이다. 문제는 다양한 방식으로 나타난다. 학교에서 학생들이 문제를 푸는 것과 같이 당장 해결해야 할 문제가 우리에게 주어질 수도 있고, 현재의 매출이나 생산성을 높이기 위해 문제를 만들 수도 있으며, 지금 당장은 보이지 않는 새로운 문제를 찾아 나설 수도 있다. 예를 들어 미래의 먹거리나 신소재 개발 및 미래 에너지를 찾는 문제 등을 말한다.

문제 해결을 위해 가장 먼저 필요한 것은 무엇일까? 다소 엉뚱하게 들릴 수도 있지만, 문제 해결의 첫걸음은 문제가 있다는 것 자체를 인식하는 것이다. 문제는 현 상태가 목표 상태로부터 떨어져 있고, 목표 상태로 가는 과정에서 장애물이 있는 경우 발생한다고 서두에 언급한 바 있다. 따라서 목표 상태에서 떨어져 있음을 인식하지 못하거나, 목표 상태로 가는 경로에 장애물이 있다는 것을 모르거나, 혹은 장애물이 있다는 것을 알고 있더라도 본인이 생각한 장애물 제거 방법이 부적절하다는 것을 모르는 경우, 그 사람은 문제가 있다는 것 자체를 인식하지 못한다. 예를 들면 부동산 정책 담당자가 '주택시장 안정화'라는 목표가 있다는 것을 인식하지 못하거나, 그 목표에 이르는 경로에 여러 장애물이 있다는 것을 파악하지 못하거나 혹은 설정된 해결책이 적절하지 않다는 것을 모른다면 그 사람은 문제가 있다는 것 자체를 인식하지 못하고 있는 것이다.

'하룻강아지 범 무서운 줄 모른다'는 속담처럼 범 앞에서 문제를 인식하지 못하는 격이고, 문제가 있다는 것을 인식하지 못하면 닥쳐올 위험에 대비할 수도 없다. 마치 〈개미와 베짱이〉 우화 속 베짱이의 모습이다.

문제 해결은 문제가 있다는 것을 인식하는 데서 시작한다고 했는데, 우리는 주변에서 '나(우리)는 문제 없어'를 외치는 사람들을 어렵지 않게 볼 수 있다. 그것이 자신감의 표현이고 위안의 표현이라면 당장 과제를 수행할 때 도움이 될 수는 있다. 하지만 불안감 해소를 위해 문제 자체를 외면하는 자신감이라면 위험하다. 전지전능한 신神이라면 모를까, 역설적으로 말한다면 문제가 없다고 믿는 사람이야말로 문제가 있다고 할 수 있다. 왜냐하면 어떤 개인이나 조직은 발전을 위해서는 현재보다 더 나은 상태의 목표가 있기 마련이고, 따라서 현재 문제가 없다면 새로운 문제를 만들어서라도 끊임없이 해결하고 도전해야 하기 때문이다. 따라서 자신에게 문제가 있다는 것은 결코 나쁜 것도 아니고 불안해할 일도 아니다. 문제를 인식하지 못하거나 인식하더라도 문제 해결을 위해 아무런 노력을 하지 않는 것이 불행한 것이다.

문제는 누구에게나 있고, 또 있어야 정상이다. 그것을 인정하고 의연하게 마주하는 것이 중요하다. 문제가 있다는 것에 대한 거부감이나 불안감은 제대로 된 문제 해결을 방해하는 주요 요소다. 문제에 대한 불안감을 해소하기 위해 막연하게 '나는 문제없어'와 '다 잘될 거야'를 되뇌는 것은 당장 위안을 줄 수는 있겠지만, 궁극적인 해결책은 아니다.

뉴욕대 심리학과 가브리엘 외팅겐Gabriele Oettingen 교수 등은 2016년 심리학 학술지 〈심리과학〉에 논문을 발표했다.[69] 그 내용은 다음과 같다. 어른이든 아이든 미래에 대해 막연히 긍정적으로 상상하는 것은 당장 기분을 좋게 하는 데에는 도움이 된다. 하지만 몇 달이 지나면 오히려 긍정적 상상을 한 집단이 그렇지 않은 집단에 비해 좀 더 우울한 증상을 보이는 등 정신 건강에 부정적 영향을 주는 것으로 나타났다. 이런 결과를 통해 다음과 같은 해석을 얻을 수 있다. 막연한 긍정적 상상은 현재의 문제나 혹은 미래에 발생할 문제를 제대로 인식하는 데 방해 요소로 작용하며, 그 까닭은 이러한 긍정적 상상이 문제 해결을 위한 어떤 노력도 하지 못하게 했기 때문이라는 것이다.

문제가 있다는 것을 인식하고 나면, 그다음 단계는 문제를 정확하게 이해하는 것이다. 논술 문제를 채점하거나 면접관으로 들어가 보면 학생들 중에는 문제 자체를 제대로 이해하지 못하고 엉뚱한 답을 하는 경우가 종종 있다. 일상생활 속에서의 문제 역시 그 문제를 잘 정의하고 마음속에 제대로 된 문제의 표상을 가지고 있어야 한다.

교실에서 떠드는 아이에게 떠들 때마다 주의를 주고 꾸중을 하는 것이 문제 해결에 도움이 되는 것인지 아니면 문제를 더 키우는 것인지는 문제가 무엇인지에 따라 다르다. 어떤 아이는 집에서나 친구들에게 관심을 받지 못하다가 교실에서 자신이 떠들거나 말썽을 일으킬 때 비록 꾸중이긴 하지만 주목받고 관심의 대상이 되는 것을 무관심보다는 더 좋아할 수도 있다. 그런 아이에게는 오히려 떠들면 무시하고 바람직한 행동을 할 때마다 관심을 보이는 것이 문제 해결 방법일 수 있다.

고층 빌딩에 여러 엘리베이터가 있는데도 이용자들이 엘리베이터가 너무 늦게 온다고 불만을 나타낼 때, 문제가 무엇인지 파악해야 한다. 엘리베이터가 정말 모자라거나 속도가 늦어서인지, 아니면 단순히 엘리베이터 앞에서 여러 사람과 기다리는 것이 지루해서인지 파악해야 한다. 문제를 이해하는 방식에 따라 비싼 비용을 지불해 고속 엘리베이터를 새로 설치할 수도 있고, 단순히 엘리베이터 주변에 거울을 설치해 기다리는 지루함을 없앨 수도 있다. 실제로 뉴욕 고층 빌딩들에서 이런 사례가 있었고 엘리베이터 주변에 거울을 설치하자 불만이 사라졌다.

문제를 이해하는 데 중요한 첫 단계는 문제 해결을 위한 적절한 정보에 주의를 기울이는 것이다. 효과적으로 문제를 푸는 사람들은 어떤 정보가 중요하고 어떤 정보가 중요하지 않은지를 판단해 주의 자원을 적절하게 사용한다. 이때 어떤 문제가 본인이 싫어하거나 혹은 처음부터 거부감을 주는 분야(가령 수학 문제)라면 이런 정서나 선입견이 주의를 분산시켜서 문제를 이해하는 데 방해를 줄 수 있다. 심지어는 이런 부정적 정서나 생각을 억압하는 데 주의 자원을 낭비해 문제 해결 능력이 떨어질 수도 있다.

우리가 가진 편견이나 고정관념은 그것의 피해가 직접적으로 눈에 보이지 않는다고 해도 그 편견의 대상이 되는 사람들은 이미 많은 문제 해결 과정에서 핸디캡을 갖게 된다. 성性에 대한 고정관념이 높은 국가일수록 남학생의 수학 점수가 여학생보다 높다는 연구 결과는 고정관념이 문제 해결에도 영향을 주고 있음을 시사하는 것이다. 문제 해결을 위해 문제에 집중해야 할 주의 자원을 고정관념으로 인한 불안감이나 부정적 생각들이 가로채기 때문이다.

문제가 있다는 것을 정확하게 인식하고, 문제를 이해하기 위해 부정적 생각이나 불안을 극복해 중요한 정보에 주의를 기울였다면, 문제 해결을 위한 적절한 전략들을 찾아야 한다. 성공적인 문제 해결을 위해 우리가 알아야 할 것은 무엇이고, 어떤 오류를 피해야 할까?

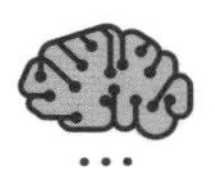

문제를 보는 마음

우리를 둘러싼 문제들은 크게 두 가지로 나눌 수 있다. 해결할 수 있는 문제와 해결할 수 없는 문제가 그것이다. 수능 시험에 나오는 문제들은 답이 있는 해결할 수 있는 문제들이다. 하지만 일상생활에서 우리가 부딪히는 문제 중에는 해결할 수 없는 문제도 있고, 해결되기 전까지는 해결 가능성을 알 수 없는 문제들도 있다.

가로 8칸, 세로 8칸의 64개 정사각형으로 된 판이 놓여 있다고 하자. 그리고 같은 크기의 정사각형 두 개로 된 타일 조각이 32개 있다. 이 타일을 깨지 않고 회전하거나 움직여 64개 정사각형 판에 모두 덮을 수 있는가? 대부분의 독자는 쉽게 '그렇다'는 정답을 알았을 것이다.

그렇다면 두 개의 정사각형이 사라진 '그림 2'와 '그림 3'의 경우

•—— 가로 8칸, 세로 8칸 타일

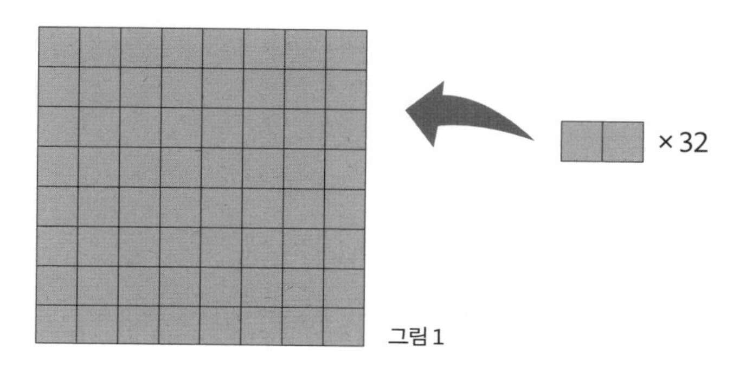

그림 1

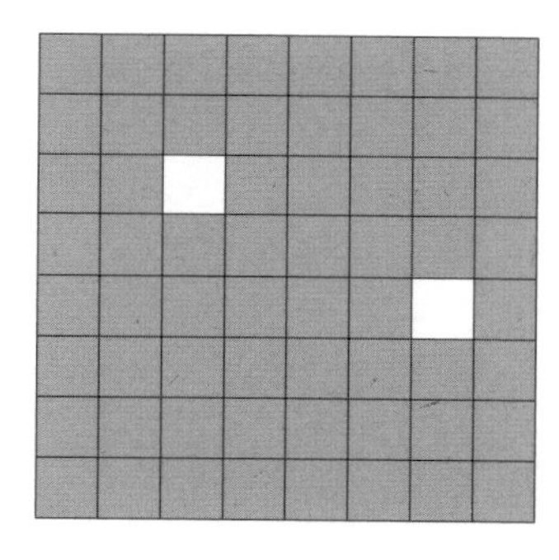

그림 2

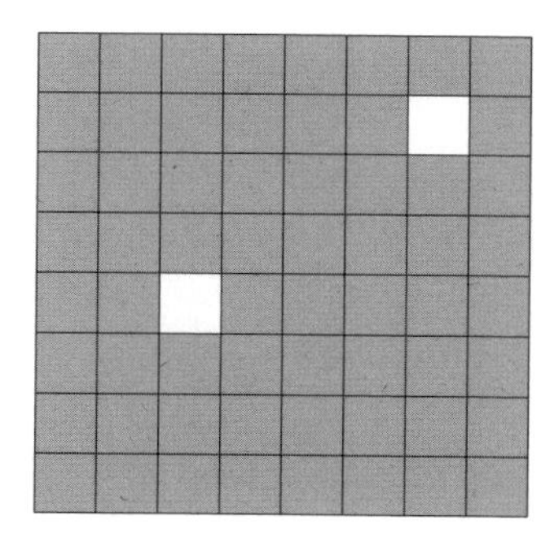

그림 3

는 어떠한가? 31개의 타일 조각으로 사라진 칸을 제외한 나머지 62개의 칸을 모두 덮을 수 있을까? 다음의 글을 읽기 전에 이 문제의 답을 먼저 떠올려 보길 바란다. 그리고 그 이유를 말해 보라.

이런 문제를 처음 본 독자라면 이리저리 가상의 타일 조각을 그려 보면서 다양한 시도를 했을지도 모른다. 그리고 어떤 것은 되고 어떤 것은 잘 안 되는 경험을 했을 것이다. 31개의 타일 조각으로 62개의 정사각형 칸을 모두 덮는 것이 우리의 목표 상태라면, 어떤 문제는 이 목표 상태로 갈 수 없는 해결 불가능한 문제다. 문제 해결 과정에서 어떤 문제가 해결 가능한 것인지 혹은 해결 불가능한 것인지를 아는 것은 매우 중요하다. 우리의 시간과 노력 등 제한된 자원을 해결 가능한 문제에 좀 더 집중시킬 수 있기 때문이다.

62개의 정사각형을 타일로 채우는 문제는 과거 인지심리학자들이 연구에 사용한 바 있는 '귀 없는 체스판 문제'에서[70] 변형한 것이다. '그림 4'와 같이 64개의 정사각형으로 이뤄진 체스판에서 양쪽 대각선 모서리에 있는 칸 2개를 제거한다. 그러면 총 62개의 정사각형으로 이뤄진 '귀 없는 체스판'의 형태가 된다. 이때 앞에서 살핀 31개의 타일로 62개의 칸을 모두 덮을 수 있을지 다시 생각해 보길 바란다. 그리고 이 문제를 풀었다면, 이번에는 앞의 '그림 2'와 '그림 3'의 문제를 체스판이라고 상상해 보라.

우리가 어떤 문제를 해결하기 위해서는 문제를 정확하게 이해

•— 귀 없는 체스판

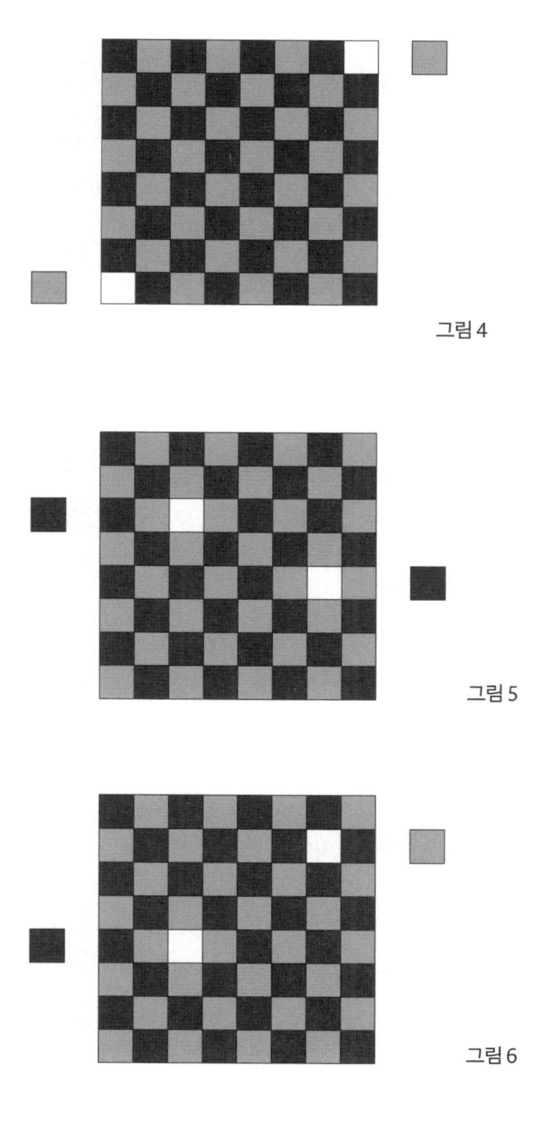

그림 4

그림 5

그림 6

하고 표상하는 과정은 무척 중요하다. 체스판에서 하나의 타일로 덮을 수 있는 체스판 영역은 반드시 색이 다른 인접한 두 정사각형이어야 한다. 하지만 없어진 대각선 양 귀퉁이의 정사각형은 같은 색이고, 따라서 남은 체스판에서 어떤 색은 모두 30개고 다른 색은 32개인 것이다. 따라서 31개의 타일로 이들을 모두 덮을 수가 없다. 마치 남자 30명과 여자 32명으로 남녀 31쌍을 만들 수 없는 이치와 같다.

'그림 2'와 '그림 3'은 각각 '그림 5', '그림 6'과 동일한 모양이다. '그림 5'를 보면 같은 색 정사각형 2개가 없는 상태라서 이 체스판을 모두 덮는 것이 불가능하다. 반면 '그림 6'은 서로 다른 색의 정사각형이 하나씩 없는 상태이므로 타일로 두 색의 짝을 맞춰 모두 덮을 수 있다.

'그림 2'와 '그림 3'을 보면서 체스판 무늬를 상상하거나 혹은 상징적인 구분(예를 들어 남, 여를 표시하는 방법)을 만들어 표상한다면 이 문제를 더욱 쉽게 이해할 수 있다. 주어진 문제에 보이지 않는 새로운 표상을 만드는 것이 문제 해결에 도움이 되는 것이다.

인지심리학자들은 우리가 이전에 배운 적 없는 새로운 문제에 직면했을 때 어떤 개인적·상황적 요인들이 문제 해결에 도움이 되는지, 문제 해결을 방해하는 요인들은 무엇인지에 관심을 갖고 연구해 왔다. 앞서 체스판 문제는 문제를 어떻게 표상하고 핵심이 무엇인지를 파악하는 것이 문제 해결에 중요함을 보여 주는 예이다.

남, 여를 표시한 체스판

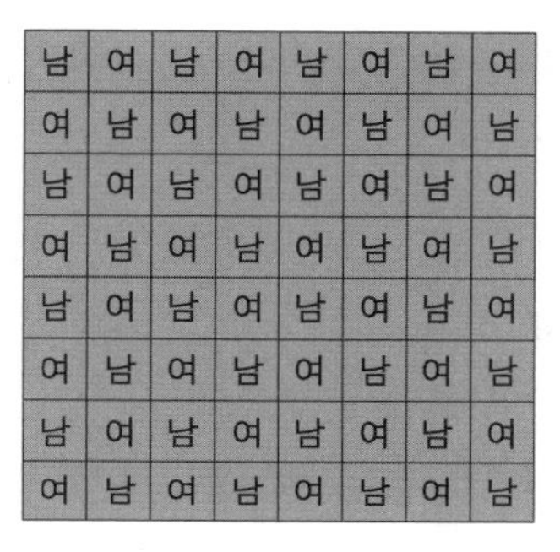

남	여	남	여	남	여	남	여
여	남	여	남	여	남	여	남
남	여	남	여	남	여	남	여
여	남	여	남	여	남	여	남
남	여	남	여	남	여	남	여
여	남	여	남	여	남	여	남
남	여	남	여	남	여	남	여
여	남	여	남	여	남	여	남

다음은 한글 글자의 초성 순서에서 빈칸에 들어갈 초성을 찾는 문제이다.

ㅇ ㅇ ㅅ ㅅ ㅇ ㅇ ㅊ ( ) ( ) ( )

이 초성 퀴즈를 처음 보는 독자는 괄호 안에 넣을 적당한 초성을 찾기가 쉽지 않았을 것이다. 하지만 괄호 안에 들어갈 정답-(ㅍ)(ㄱ)(ㅅ)-을 알고 나면('일이삼사오육칠팔구십'의 초성), 다음 초성 퀴즈는 좀 더 쉽게 풀 수 있을 것이다.

ㅇ ㅎ ㅅ ㅁ ㄱ ( ) ( )

아직 문제를 해결하지 못했다면 매주 우리가 마주하는 요일의 이름을 떠올려 보자. 두 번째 문제를 첫 번째 문제보다 쉽게 풀었다면, 첫 번째 문제를 해결할 때의 마음 갖춤새mental set(어떤 대상이나 문제를 특정한 방식으로 보거나 접근하는 경향성)를 가지고 두 번째 문제를 해결했기 때문이다. 과거에 성공했던 문제 해결 경험이 마음 갖춤새를 형성한 것이다.

마음 갖춤새와 관련한 고전적인 인지심리학 실험을 하나 소개하겠다. 1942년 미국 심리학자 에이브러햄 루친스Abraham S Luchins의 연구이기도[71] 하다.

여러분에게 크기가 다른 물통 세 개(A, B, C)가 있다고 가정해 보자. 또 표에 쓰여진 대로 각 물통의 용량과 원하는 물의 양이 표시되어 있다. 물통은 비어 있고, 물통에는 어떤 눈금도 없이 가득 채웠을 때의 총 용량만 알 수 있다. 여러분은 수돗물로 얼마든지 물을 받을 수 있고, 각 문제에서 원하는 물의 양을 얻기 위해 이 물통들을 사용할 수 있다. 각 문제에서 어떻게 원하는 양의 물을 얻을 수 있는지 하나씩 풀어 보기 바란다.

여러분이 이 문제를 풀었다면, 처음 한두 문제를 해결할 때는 시간이 좀 걸렸겠지만, 그 이후에는 점점 시간이 빨라졌을 것이며 계속된 문제들이 B물통에 물을 가득 채우고 나서 A물통에 한 번 따라 버리고 나머지는 C물통에 두 번 따라 버리면 원하는 양을 얻을 수 있다는 사실을 알았을 것이다(즉, 원하는 양=B-A-2C). 문제 끝까지 이러한 공식을 사용하면 원하는 양을 얻을 수 있긴 하지

• 원하는 양의 물을 구하는 문제

문제	물통(리터)			원하는 양
	A	B	C	
1	21	127	3	100
2	9	44	7	21
3	20	59	4	31
4	12	160	25	98
5	18	43	10	5
6	20	50	3	24
7	14	36	8	6
8	18	48	4	22

만, 만일 마지막 문제까지 이렇게 문제를 해결했다면 여러분은 마음 갖춤새의 부작용을 경험한 것이다.

실제로 루친스의 실험에 참여한 대학생들도 마지막 두 문제는 A-C, A+C로 쉽게 해결할 수 있음에도 여전히 이전의 방법을 사용하는 것을 발견했다. 심지어 후속 문제들은 앞선 방법으로는 풀 수 없고 더 쉬운 방법으로 풀 수 있는데도 어려운 방법에 사로잡혀 시간을 낭비하기까지 했다.

마음 갖춤새는 문제 해결 방식에서 우리의 이전 경험이나 사전 지식을 이용하는 일종의 하향적top-down 처리가 개입하고 있음을 보여 주는 것이다. 마음 갖춤새가 문제 해결에 도움이 되기도 하

• 9개의 점 문제

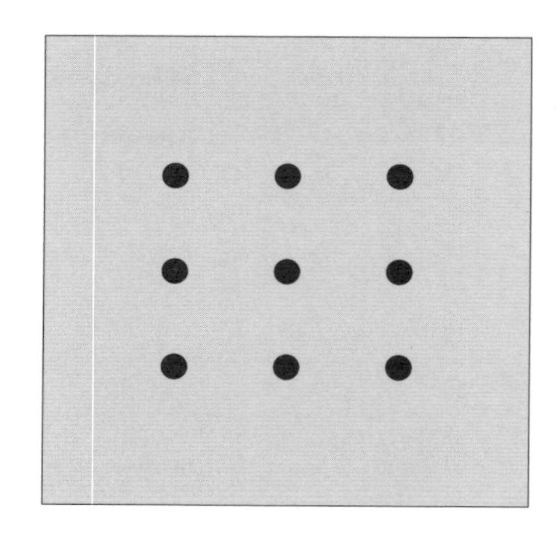

지만, 루친스의 실험 결과처럼 문제에 대한 효과적인 해결 방식을 놓치게 하기도 한다. 우리의 기존 경험이나 지식, 혹은 자신도 모르게 만들어 놓은 규칙이 때로는 새롭고 창의적인 문제 해결 방식을 못 보고 지나치게 할 수도 있다는 말이다.

'9개의 점 문제'도 대표적인 예이다. 평면상의 9개 점을 모두 지나가는 직선을 펜을 떼지 않고 한 번에 그리되 직선은 4개만 허용되는 문제다. 여러분도 한번 시도해 보기 바란다(정답은 이 글의 마지막에 공개한다).

이 문제를 보자마자 정답을 맞혔다면, 당신은 극소수에 해당한다. 이 문제가 어려운 이유는 대부분의 사람이 직선을 그릴 때 9개의 점으로 구성된 정사각형을 벗어나 직선을 그리면 안 된다는 스스로의 제약을 만들기 때문이다. 이러한 '인지적 제약'이나 고착된 사고에서 벗어나면 문제를 해결할 가능성은 커진다. 직선이 9개의 점으로 구성된 정사각형을 벗어나야 문제를 풀 수 있다고 구체적으로 알려주는 경우 약 40%의 일반인이 이 문제를 해결할 수 있다. 재미있는 사실은 이런 구체적 지시를 주지 않고 우리 뇌에서 인지적 제약을 담당하는 영역을 억제하는 것만으로도 비슷한 결과가 나타난다는 것이다.

2012년 호주 시드니대 인지신경과학과 치Richard P Chi와 스나이더Allan W Snyder의 연구에서[72] '9개의 점 문제'를 처음 본 일반인들은 모두 문제 해결에 실패했지만, 하향적 통제나 인지적 제약과 관련이 있을 것으로 생각되는 뇌의 전측두엽에 약한 전류를 흘려 그 기능을 억제한 집단의 경우에는 33명의 참가자 중 14명(42%)이 이 문제를 푼 것으로 나타났다. 역설적이게도 정상적인 뇌의 특정 부위를 비활성화시키는 것이 창의적 문제 해결에 도움을 줄 수도 있다. 하지만 같은 뇌 영역에 문제가 생겼을 때는 영화 〈레인맨Rain Man, 1989〉의 등장인물처럼 서번트 증후군이나 조현병(정신분열병)과 같은 정신 장애가 나타날 수 있다.

우리에게는 통찰과 창의성을 요구하는 문제들도 있고, 기억된 지식과 논리를 이용해 순차적으로 해결하는 비통찰적 문제들도 있다. 문제에 따라 다양한 방식으로 문제를 표상하고(상징이나 이미지 등), 알고리즘이나 어림법, 유추 등 다양한 문제 해결 전략을 사용하기도 한다. 일상생활에서 어떤 문제들은 목표 상태에 도달하기 위해 일시적으로 목표 상태로부터 멀어질 것을 요구하기도 하는데, 많은 연구는 우리가 그런 문제들에 취약함을 보여 준다.

우리가 사는 세상엔 높은 산에 오르는 것이 목표라고 계속 오르기만 하면 되는 문제만 있는 것은 아니다. 높은 산 정상에 오르는 과정에 낮은 산이 있다면, 우리는 낮은 산에 올라갔다가 내려와야만 한다. 더 높이 올라가기 위해 반드시 내려가야 할 수도 있고, 중간에 장애물이 있다면 목표로부터 멀어지는 것처럼 보이는 길을 택해야 할 때도 있는 것이다.

•—— **9개의 점 문제 해답**

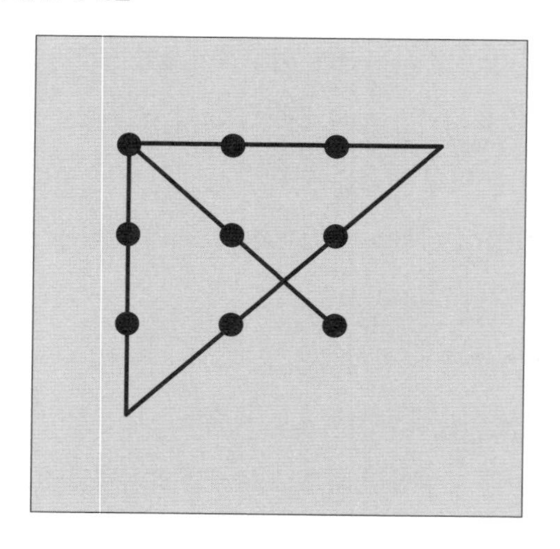

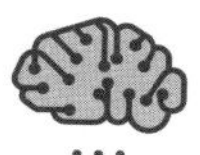

멀티태스킹의 함정

3 7 4 6 9 / 2 8 1 3 7

위에 나열한 10개의 숫자를 보고, 처음 5개 숫자에 대해서는 각 숫자가 짝수인지 혹은 홀수인지를 대답해 보고, 그다음 5개 숫자에 대해서는 각 숫자가 5보다 큰지 혹은 작은지를 빠르게 대답해 보기 바란다.

이번에는 앞서 본 같은 10개 숫자 중에 밑줄이 표시된 숫자에 대해서 홀수인지 짝수인지를 말하고, 밑줄이 없는 숫자에 대해서는 5보다 큰지 작은지를 빠르게 말해 보기 바란다.

어느 경우가 더 시간이 걸리는가? 전체적으로 보면 두 경우 모두 다섯 번의 홀짝 판단과 다섯 번의 크기를 판단한다는 점에서는 동일하지만, 같은 과제를 연속해서 수행하는 것이 서로 다른 과제를 번갈아서 하는 것보다 훨씬 쉽다는 것을 경험했을 것이다. 이처럼 과제 전환task switch에는 반드시 비용cost이 든다. 우리의 인지적 자원은 제한되어 있기 때문에 비용을 줄이고 인지 자원을 효율적으로 사용하는 것이 필요하다.

자녀가 음악을 들으며 공부하는데, 음악을 듣는 것이 공부하는 데 방해가 되지 않겠냐는 질문을 종종 받곤 한다. 공부하는 데 사용할 인지 자원을 음악 듣는 것에 사용한다면 당연히 공부에 방해 요소가 된다. 이 질문은 자녀의 각성 상태, 공부의 종류, 음악의 종류 등 여러 변인과 그 변인 간 상호작용 등 고려해야 할 부분이 많아 한마디로 대답하기가 어렵지만, 우선 각성 수준과 관련된 연구로 이야기를 풀어 가겠다.

미국 심리학자인 로버트 여키스Robert Mearns Yerkes와 존 도슨John Dillingham Dodson의 이름을 딴 여키스-도슨 법칙Yerkes-Dodson law에 따르면,[73] 우리의 각성 수준이 너무 낮거나 너무 높으면 과제 수행에 방해가 되고, 중간 정도의 적정한 각성 수준을 유지하는 것이 과제 수행에 도움이 된다. 각성 수준이 낮다는 것은 우리의 생리적, 정신적 상태가 졸리거나 긴장이 풀려 이완된 상태를 말하는데, 이런 상태에서 과제 수행 성과는 낮을 수밖에 없다. 하지만 각성 수준이 올라가면 과제 수행은 점점 좋아지고 적정 수준을 넘어 지나치게 긴장하고 흥분하는 등 각성 수준이 너무 높아지면 수행 능력은 다시 하락하게 된다.

그런데 최고의 과제 수행 능력을 보이는 최적의 각성 수준은 과제 난이도에 따라 달라진다. 과제가 쉬우면 수행 능력은 각성 수준이 상대적으로 높아야 좋고, 과제가 어려우면 각성 수준이 조금 낮을 때 수행 능력이 좋아진다. 각성 수준은 주의 집중 상태나 정신적 스트레스와 밀접한 관련이 있다. 단순한 반복 작업을 할 때는 신나는 노래를 들으며 각성 수준을 높이거나 적당한 스트레스를 가지고 작업하는 것이 오히려 도움이 될 수 있다. 하지만 정교하고 어려운 작업을 할 때는 높은 각성 수준이나 정신적 스트레스가 작업을 수행하는 데 방해가 된다.

음악을 들으며 공부하는 것도 비슷한 맥락에서 이해할 수 있다. 공부가 지루하고 졸려서 자녀의 각성 수준이 낮은 상태라면 혹은 너무 쉬운 숙제를 하고 있다면, 좋아하는 음악을 들으며 각성 수준을 높이는 것이 공부에 도움이 될 수 있다. 적어도 공부할 때마다 졸면서 하는 것보다는 음악을 들으며 각성 수준을 높여 공부하는 것이 도움이 될 수 있다. 또는 자녀가 수학에 대한 공포 때문에 그 과목을 공부할 때 과도한 불안과 스트레스가 있다면, 그 어려운 과목은 각성과 긴장이 높은 상태에서는 제대로 수행하기 어려우므로 각성을 낮추고 스트레스를 완화해 줄 수 있는 음악은 도움이 될 수도 있다.

정보를 선택하는 주의 차원에서 이야기하자면, 대부분 공부할 때는 주의가 필요하고 따라서 음악이 자녀의 주의를 끄는 것이라면 공부에 방해가 될 수밖에 없다. 공부를 하는 뇌 영역이 사용하는 인지 자원과 음악을 듣는 뇌 영역이 사용하는 인지 자원이 중첩된다면 더욱 그렇다. 가령 듣고 있는 음악이 가사가 있는 노래라면 의미적 지식을 습득해야 하는 공부는 방해를 받을 수밖에 없다. 공부의 종류도 단순한 암기인지 아니면 대수나 도형 문제를 푸는 것인지, 풍부한 창의성을 발휘해야 하는 것인지에 따라 달라질 수 있다.

노래를 들으면서 운전하는 것은 운전에 방해가 될까, 도움이 될까? 이 경우 역시 각성, 주의 차원, 운전 상황 등을 종합적으로 생각해야 한다. 졸린 운전자가 좋아하는 노래를 듣는 것은 적정한 각성 상태를 유지시켜 운전에 도움이 될 수 있다. 또한 운전하는 데 사용되는 인지 자원과 노래를 듣는 데 사용되는 인지 자원이 거의 겹치지 않아 큰 문제가 없다. 운전하는 데는 주로 시각적·공간적·운동적 주의 자원과 어떤 일을 계획하고 조절, 통제하는 집행 기능 등이 사용되는데 노래를 감상하는 데는 주로 청각적·언어적 주의 자원이 사용되기 때문이다.

누군가와 대화하면서 운전하는 것은 어떨까. 운전에 방해가 될까? 적정한 각성 상태라면 대화는 분명 운전에 방해가 된다. 대화하는 것과 운전하는 것 모두 주요한 인지 자원인 집행 기능을 공유하기 때문이다.

2004년 한상훈 연세대 심리학과 교수와 내가 〈심리과학〉 학술지에 발표했던 연구에서는[74] 컴퓨터 모니터에 제시된 자극들 가운데 특정한 표적 자극을 찾는 시각 탐색 과제(예를 들면, 여러 'L' 자극 중 'T' 자극이 있는지 찾는 과제)를 수행할 때 마음속에서 단순한 숫자 암산(예를 들면, 200에서 3씩 빼 나가는 암산)을 하면 탐색 수행 능력이 크게 떨어짐을 발견했다. 이 연구는 우리의 시각 탐색 과정에 집행 기능이 개입하는지를 밝히려는 목적으로 수행된 기초연구지만, 일상생활에서 무엇인가를 찾거나 운전하며 시각적 탐색을 하는 상황에도 이 연구 결과가 충분히 적용된다는 점에서 의미가 있다. 무엇인가를 생각하고 있다는 것은 그만큼 인지 자원을 소모해 동시에 수행하는 다른 과제에 방해를 주는 것이다.

인지심리학자들은 우리가 과제를 수행할 때 주의 집중이나 정교한 계산 등 많은 인지 자원이 필요한 정보처리를 '통제 처리'라고 부르고, 이와 대조적으로 인지적 자원이 거의 소모되지 않는 정보처리를 '자동 처리'로 구분하고 있다. 복잡한 장면에서 표적을 찾는 일(예를 들면, 컴퓨터단층촬영CT 영상에서 종양을 찾는 일)이나 복잡한 도로 상황에서 운전할 때는 통제 처리가 필요하다.

통제 처리가 요구되는 과제를, 연습을 통해 자동 처리로 수행하는 것이 가능할까? 1977년 미국의 심리학자 슈나이더Kurt Schneider와 시프린Richard Shiffrin 교수가 수행한 일련의 실험에서[75] 그것이 가능함을 증명한 바 있다. 여러 문자들(방해 자극) 가운데 특정한 문자(표적)를 찾는 과제를 수행할 때 처음에는 통제 처리가 필요했지만 2000회 이상 연습한 후에는 일반인들도 표적을 자동적으로 찾을 수 있음을 보였다.

처음에는 통제 처리로 하던 일들이, 반복된 수행이나 연습을 통해 자동처리로 전환되는 예는 일상생활에서도 쉽게 찾아볼 수 있다. 컴퓨터 자판으로 처음 문서를 작성할 때는 통제 처리를 해야 하지만, 오랜 기간 문서 작업에 익숙해지면, 자판 배열에 주의하지 않더라도 자동적으로 타자를 칠 수 있다. 초보 운전의 경우에는 운전에 온통 신경을 써야 하지만 운전에 익숙해지면 라디오도 듣고 시야도 넓어지면서 이전보다는 주의를 분산시킬 수 있는 능력이 생긴다.

하지만 운전에 충분히 익숙해져 많은 운전 조작을 자동처리하게 되었다고 해도 도로 상황은 예측 불가능하기 때문에 운전은 늘 주의 자원을 사용하는 것이 필요하다. 많은 이가 운전하면서 핸즈프리로 통화하는 것은 전혀 문제가 없다고 얘기한다. 운전하면서 스마트폰을 들여다보는 것 역시 매우 위험하다는 것을 알고 있지만, 미국 대학생 중 90% 이상이 운전 중에 문자를 보내거나 본 적이 있다고 보고하고 있으며, 이런 수치는 우리나라의 경우도 다르지 않을 것이다. 중요한 것은 대부분 사람이 그 위험을 알고 있으나 과소평가하며, 자신에게는 해당하지 않는다고 생각한다는 점이다.

2001년 〈심리과학〉에 실린 스트레이어David L. Strayer와 존스턴William A. Johnston의 실험 연구 결과에 따르면[76] 운전 중 휴대전화로 대화하는 것은 운전에 명백한 장애 요소로 작용한다. 운전만 하는 조건과 비교했을 때 통화하는 동안 정지 신호를 놓치는 경우가 2배 이상으로 증가했고, 정지 신호에 브레이크를 밟는 속도도 평균 0.1초 이상 느린 것으로 나타났다. 여기서 중요한 점은 휴대전화를 손으로 잡고 대화하든 핸즈프리로 하든 관계없이 운전에 방해가 된다는 것이다.

운전 중 동승자와 대화하는 일은 대부분 큰 문제가 되지 않지만, 주의가 필요한 교통 상황일 때는 운전에 분명 방해 요인이다. 일반적으로 동승자는 운전자와 함께 교통 상황을 주시하면서 대화하므로 인지 자원의 적절한 분배가 가능하다. 주의가 필요한 위험한 운전 상황에서 동승자가 산만한 얘기를 이어 가거나 운전자의 즉각적 대답을 요구하지는 않기 때문이다. 반면 휴대전화의 대화 상대는 현재 교통 상황을 알지 못하고 운전자 역시 운전 흐름과 무관하게 대화를 이어 나가려 해서 문제가 더 심각해질 수 있다. 실제로 조수석의 동승자가 현재 교통 상황에 관심을 두지 않고(가령 자신의 스마트폰을 보면서) 운전자와 대화하는 경우는 운전자가 휴대전화로 통화하면서 운전하는 것과 같은 부정적 효과가 있음을 스트레이어 교수는 후속 연구에서 밝힌 바 있다.

오늘날 동시에 여러 일을 하는, 소위 멀티태스킹multitasking은 일상이 되어 버렸고, 특히 스마트폰 사용은 이런 현상을 심화시켰다. 많은 사람이 일하거나 텔레비전을 보면서, 식사하면서, 걸으면서, 심지어는 누군가와 대화하면서도 스마트폰을 들여다보고 문자를 하거나, 소셜미디어를 서핑하거나, 주식 창을 보거나, 게임을 하기도 한다.

하지만 최근까지 수행된 많은 과학적 연구에서는 멀티태스킹이 우리의 인지 체계나 정신건강에 결코 도움이 되지 않으며 오히려 만성적인 스트레스·우울·불안 등을 증가시키고 인지 통제력이나 작업 기억 능력의 저하와 이를 담당하는 뇌 영역의 손상으로 이어진다고 보고하고 있다. 심지어 최근 한 연구는 자신의 스마트폰이 옆에만 있어도 복잡한 인지 과제 수행 능력이 떨어지는 것을 보고하는데, 이는 스마트폰을 수시로 들여다보는 습관이나 메시지가 올 수 있다는 기대 등이 과제에 몰입하는 것을 방해하기 때문이다.

이렇게 명백하고 치명적인 멀티태스킹의 악영향이 밝혀졌는데도 불구하고 아직도 많은 사람이 멀티태스킹을 하고 있다. 심지어 멀티태스킹은 유능한 것이고, 성과나 효율성을 높이는 것이라 믿기도 한다. 하지만 과학적 연구 결과들은 이런 믿음과는 정반대의 결과를 보고하고 있다는 것을 다시 한번 강조하고자 한다.

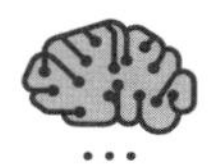

'무엇이 되는가' 보다 '무엇을 하는가'

미국 뉴욕대 심리학과의 로즈Marjorie Rhodes 교수와 동료들은 아동을 대상으로 다수의 흥미로운 실험 연구를 수행해 왔고, 그 결과를 〈심리과학〉과[77] 〈미국국립과학원회보〉[78] 등 학술지에 발표했다. 여러 가지 연구에서 사용한 구체적 자극이나 방법은 다소 차이가 있지만, 이들 연구의 주된 관심은 같은 맥락으로 이어진다. 아동에게 행동action 중심의 언어를 사용할 때와 정체성identity 중심의 언어를 사용할 때, 아동의 행동이 어떻게 달라지는지를 확인하는 것이다.

예를 들면, 아동에게 "과학을 합시다!Let's do science!" 하고 이야기하는 것은 행동 중심의 언어를 사용한 조건이다. 반면에 "과학자가 되어 봅시다!Let's be scientists!" 하고 이야기하는 것은 정체성 중심의 언어를 사용한 조건이다. 어떠한 조건에서 아동이 과학적인 탐구 활동을 더 열심히 할까. "봉사를 합시다!"와 "봉사자가 됩시다!" 중 어떤 말을 들었을 때 아이들이 더 지속적으로 남을 도울까. 무엇을 하는 것과 무엇이 되는 것 중에 어떤 것이 아이들을 더 움직이게 할까. 로즈 교수와 동료들은 여러 가지 실험과 연구를 통해 다음의 결과를 도출해 냈다. 무엇이 되는 것에 초점을 둔 집단보다 무엇을 하는 것에 초점을 둔 집단이 그 일에 더 인내심을 갖고 열심히 한다는 점이다. "봉사자가 됩시다!"나 "과학자가 됩시다!"라는 표현보다 "봉사를 합시다!"나 "과학을 합시다!"라는 표현이 아동에게 더 지속적인 행동을 이끌었다.

얼핏 '과학을 하는 것'이나 '과학자가 되는 것'은 비슷한 말로 들리지만, 이런 미묘한 언어적 표현의 차이가 아동의 행동에는 분명한 영향을 준다. 그렇다면 이런 일이 일어나는 까닭이 무엇일까.

'과학자'라고 하면 아동뿐 아니라 대부분 성인도 뭔가 특별하고 다른 사람과 구분되는 사람으로 생각한다. 누구나 과학자가 될 수 있는 것이 아니라 소수만이 과학자가 될 수 있는 것으로 생각하고, '과학자'라는 신분과 정체성은 하나의 범주category로 인식되기 때문이다. 심지어 과학자라는 집단의 울타리 안으로 들어가려면 높은 벽을 넘어야 한다고 생각하기도 한다.

배우는 학생들에게 어떤 직업이나 직책, 지위, 자격 등 명사noun로 된 신분이나 정체성에 대한 특별한 언어적 표현들은 오히려 그

'무엇이 하는 일'에 대한 흥미를 잃게 만들 수 있으며, 특히 그 '무엇'에 속하는 특정 집단이나 성性이 소수일 때는 더욱 그럴 수 있다. 여성 과학자들이 소수인 사회에서 "과학자가 되자"란 표현은 남자아이들보다 여자아이들에게 과학에 대한 흥미를 더 많이 잃게 만들 수 있다. 하지만 "과학을 하자"란 표현은 누구에게나 열려 있다. 과학을 한다는 것은 자신과 세상에 대해 체계적이고 객관적으로 탐구하는 일이고, 새로운 발견을 하려는 노력이다. 머리가 비상한 소수만이 하는 일은 아닌 것이다.

학창 시절, '장래 희망'에 본인이 되고 싶은 직업을 썼던 기억이 있다. 장년층 이상의 대부분 독자는 장래 희망란에 자신이 되고 싶은 직업을 썼을 것이다. 과학자, 교사, 의사, 변호사, 기자, 방송국 PD, 공무원, 화가, 목사, 외교관, 간호사, 영화감독, 기업인, 가수, 은행원, 배우, 소설가, 건축가, 운동선수 등등. 우리는 무엇이 되고 싶어서 열심히 공부하고, 그 '무엇'이 되려면 무엇을 해야 하는지를 찾아 열심히 뛰어다녔다. 무엇이 되려는 이유는 무엇일까. 무엇을 하기 위해서 무엇이 되려는 것인지, 무엇이 되기 위해 무엇을 하는 것인지 잊은 채 앞만 보고 달려왔다.

이런 기성세대는 '무엇이 되려는' 생각이 도무지 없어 보이는 자녀나 젊은 세대들을 보면, '개념 없이' 사는 것이 아닌지 염려를 보내기도 한다. 하지만 오랜 기간 젊은이들을 곁에서 지켜본 나로서는 '무엇이 되기'보다 '무엇을 하고 싶은' 많은 젊은이가 보이고,

이런 젊은 친구들로부터 변화를 확인하고 있다.

새로운 학기가 시작되고 본격적인 강의에 앞서 내 수업에 들어오는 모든 학생이라면 제출해야 하는 공통의 과제가 있다. 1페이지 분량의 간단한 '자기소개서'이다. 특히 자기소개서 내용 중에 '장래 희망'을 반드시 포함하도록 요구하고 있다. 덕분에 오랜 시간 축적한 유의미한 연구 자료를 확인할 수 있는데, 가령 20여 년 전의 대학생들과 요즘 대학생들의 장래 희망을 비교해 보면 꽤 많은 변화가 느껴진다. 그 변화에는 원하는 직업이 새롭고 다양해졌다는 점도 있지만, 예전에는 장래 희망에 거의 모든 학생이 '무엇이 되겠다'는 것을 주로 적었다면 확실히 요즘은 '무엇을 하겠다'라고 표현하는 대학생이 크게 늘고 있다.

특정 직업의 언급보다는 "창의적인 일을 했으면 좋겠다. 디지털 시대에 취약한 장노년층을 위한 일을 하고 싶다", "인간관계나 노동으로 인한 스트레스가 적은 일을 찾아 전문적인 자문과 여가를 동시에 즐길 수 있는 일을 하고 싶다", "구호단체나 환경단체에서 다른 사람에게 도움이 되고 의미도 있는 일을 하고 싶다", "아직 무엇을 할지 구체적으로 정하진 못했지만, 사회에 도움을 주면서 행복하게 살아가고 싶다", "감염병 등 질병 치료 방법을 개선하기 위해 연구하고 창업하고 싶다", "자급자족하는 단순한 삶을 살고 싶다", "관심 있는 분야를 찾아 연구하고 그 지식을 도움이 필요한 사람에게 전달하고 싶다" 등등. 장래 희망을 나타내는 표현 방식이 달라진 것이다.

'교수가 되는 것'과 교수가 하는 일, 즉 '연구하고 가르치는 것' 중 어떤 것에 관심이 있는지는 좋은 교수를 선발할 때 무엇보다 중요한 기준이 된다. 물론 대부분은 연구하고 가르치기 위해 교수가 되려고 할 것이다. 하지만 자신도 모르는 사이에 앞뒤가 바뀌기도 하고, 또 누군가는 '무엇'이 하는 일보다는 그 무엇의 지위와 명예를 위해 '무엇'이 되려고 한다.

대통령 선거가 다가올 때마다, 선거에 출마하는 후보들이 등장한다. 그리고 그들이 대통령이 되기 위해 열심히 뛰는 모습들이 연일 뉴스를 장식한다. 대통령은 그야말로 아무나 되는 것이 아니며 그 벽의 높이는 가늠하기 어렵다. 그래서 누구나 대통령의 지위를 가질 수는 없다. 하지만 대통령이 하는 일이 무엇인가. 대통령 취임 선서에 나오는 '헌법을 준수하고 국가를 지키거나 평화통일을 위해, 그리고 우리의 자유와 복리, 문화 창달에 도움이 되는 일'은 누구라도 할 수 있다. 수많은 국민이 대통령이 하는 일을 지금도 하고 있다. 그리고 이런 일을 잘해 왔고 이런 일에 열정이 있는 사람이 대통령이 되는 것이 옳다. 대통령의 권한과 지위에만 관심을 두고 오직 대통령이 되는 것에만 목표를 둔 사람들은 대통령이 되고 나면 이 일을 열심히 할 가능성도 작고, 임기가 끝나면 더는 이런 일을 하지 않을 가능성이 크다.

로즈 교수의 연구는 우리 사회가 지도자의 정체성이나 지위, 신분에 대한 이야기보다 지도자가 하는 일에 초점을 두는 것이 필요함을 말해 준다. 그동안 방송 매체나 언론도 뛰어난 과학자나 예술가, 훌륭한 기업가나 정치인에게 초점을 둬 그 사람의 능력이나 인성 등을 주로 이야기해 왔다. 만일 이들이 그동안 무엇을 해 왔고, 이들의 주요 활동이 무엇인지에 초점을 둔다면 소외된 많은 젊은이가 용기를 얻어 비슷한 활동을 하게 될 것이고 우리는 더 훌륭한 일을 많이 하는 지도자를 갖게 될 것이다.

우리의 언어는 비록 사소하게 보이는 것일지라도 고정관념과 편견의 틀에서 사람들의 사기와 의욕을 꺾을 수도 있고, 개방과 수용의 틀에서 발전을 지속시킬 힘도 갖고 있다.

과거 기성세대에게 인기 있었던 안정적이거나 보수가 높은 직장보다는 자신이 원하는 일이나 자신의 성장과 자아실현에 도움이 되는 일을 하려는 젊은이들이 늘어나는 점은 고무적인 일이다. 일찍이 심리학자 에이브러햄 매슬로Abraham H Maslow는 인간의 동기나 욕구에 위계hierarchy가 있음을 제안한 바 있다.[79]

가장 기본적인 생리적 욕구인 식욕과 수면욕 등이 충족되면 다음으로 안전의 욕구가 나타난다. 안전의 욕구가 어느 정도 충족되면 그다음으로 다른 사람들과 어울리며 사회적 관계를 유지하려는 소속감의 욕구가 나타난다. 소속감의 욕구마저 충족되면 이번에는 자존감의 욕구가 나타나고, 최종적으로는 자아실현의 욕구가 나타나게 된다. 먹고살기 어려웠던 시대에 태어난 많은 사람은 먹고사는 문제, 안정적인 주거나 직장, 그리고 정부나 대기업과 같이 강한 조직에 소속되고 더 높은 지위로 올라가서 다른 사람들이 부러워하는 자랑스러운 '무엇'이 되기 위해 끊임없이 노력해 왔다. 하지만 남들이 부러워하는 그 무엇이 되었다고 해서 자아실현을 이룬 것은 아니다.

남들이 원하는 그 '무엇이 된' 사람 중에는 여전히 자신이 왜 무엇인가를 하고 있는지 모른 채 혹은 그것이 자신이 원하는 일이 아니라는 것을 알고 있으면서도 어쩔 수 없이 그 일을 하는 경우가 허다하다.

자아실현은 남에게 보이려고 하는 것이 아니다. 자아실현은 남이 아닌 자신의 도덕적 기준에 따라 편견 없이 사실을 받아들이고, 자신의 잠재력을 끊임없이 발전시키면서 자발적으로, 창의적인 방법으로 문제 해결을 계속해 나아가는 것이다. 'N포 세대'라는 비관적 신조어가 나오는 대한민국에서 우리의 젊은이들이 기성세대가 하지 못한 자아실현에까지 이를 수 있도록 도울 방법은 없을까. 직위와 직책, 계약직과 정규직 등 소위 계급장을 떼고, '하는 것'만으로 평가받으며 기회가 주어지는 사회를 젊은 세대들은 꿈꾸고 있는지도 모른다. '되는 것'보다 '하는 것'을 지향하는 변화의 바람도 이미 젊은 세대로부터 불어오고 있다.

용어 설명

- **기억과 망각:** 저장된 정보를 제대로 인출해 내지 못하는, 이른바 '인출 실패'인 '망각'은 단점만 있는 것은 아니다. 망각을 통해 덜 사용하고 덜 중요하고 때로는 괴로운 기억들에 정신적 에너지를 소모하지 않는 등 망각의 장점도 있다.

- **기억과 착각:** 우리의 기억은 본 것을 그대로 저장하는 컴퓨터가 아니다. 입력하는 순간 보고 싶은 것만을 골라서 보고, 변형해서 보고, 기억하는 동안에도 순간순간 여러 주변 정보들에 의해 저장된 내용이 사라지거나 바뀌거나 심지어 없던 것이 새로 생기기도 한다. 기억은 일종의 주관적 경험으로 주관적 경험은 언제든 틀릴 수 있다.

- **마음 갖춤새**mental set**:** 어떤 대상이나 문제를 특정한 방식으로 보거나 접근하는 경향성을 뜻하는 인지심리학 용어다. 일반적으로 과거에 성공했

던 문제 해결 경험이 마음 갖춤새를 형성한다. 현재 상황에 더 적절한 방식이 있는 경우 문제 해결을 방해하는 '기능 고착화'를 초래하기도 한다. 지난 1942년 미국 심리학자 에이브러햄 루친스가 이와 관련한 유명한 실험을 진행한 바 있다. 마음 갖춤새가 인종·성별·종교 등에 대한 고정관념으로 이어지면 사회적 문제를 일으킬 수 있다.

- **매슬로 욕구 이론과 자아실현:** 인간의 동기나 욕구에 위계가 있어, 하위 욕구가 충족되어야 점차 상위 욕구를 추구한다는 매슬로의 이론. 이에 따르면 인간은 가장 먼저 생리적인 욕구를 채우려 하고, 이게 충족되면 안전 욕구, 소속감 욕구, 자존감 욕구, 자아실현 욕구 순으로 옮겨 간다. 최상위 욕구인 자아실현 욕구는 흔히 '남들이 부러워하는 무엇'이 되고자 하는 욕구로 여겨지지만, 그 무엇이 되었다고 해서 자아실현이 이루어지는 것은 아니다.

- **분리 뇌 환자 실험:** 간질로도 불리는 심한 뇌전증으로 뇌의 한 영역에서 시작된 발작이 뇌 전체로 확산하는 것을 막기 위해 좌뇌와 우뇌를 연결하는 뇌량腦梁, corpus callosum을 절제하는 수술을 받은 환자를 '분리 뇌 환자'라고 부른다. 뇌 좌반구와 우반구를 연결하는 다리 역할을 하는 뇌량이 끊어진 이들은 일상생활에 거의 문제가 없다. 하지만 이들이 보이는 특별한 행동상의 변화는 대뇌반구의 기능 분화와 의식에 관해 많은 시사점을 준다. 신경심리학자이자 인지신경과학자인 로저 스페리와 마이클 가자니가가 분리 뇌 환자를 대상으로 많은 연구를 수행했고, 스페리 교수는 그 공로로 1981년 노벨상을 수상했다.

- **신경 전달 물질:** 시냅스에서 정보 전달을 담당하는 물질로 지금까지 수십 가지가 발견되었지만, 앞으로 얼마나 더 발견될지 모른다. 뉴런은 내부적으로 전기적인 정보를, 외부적으로는 화학적인 정보를 전달한다. 즉 한 뉴런이 다른 뉴런에 정보를 전달할 때에 화학물질을 분비한다. 우리는 흔히 신경 전달 물질과 호르몬을 혼동한다. 물론 신경 전달 물질과 호르몬은 모두 화학물질이지만 활동하는 곳이 다르다. 호르몬은 내분비계에서 분비되어 혈류를 타고 다니며 우리 몸에 영향을 미치는 데 비해, 신경 전달 물질은 신경계에서 뉴런과 뉴런 사이를 이동하며 정보 전달에 관여한다. 신경 전달의 기능은 매우 복잡해 단순화나 일반화가 어렵다. 예를 들어 대표적 신경 전달 물질인 도파민은 쾌락과 연관되어 있지만, 파킨슨병과도 연관이 있다. 마음의 수많은 활동 증상과도 관계가 있다.

- **심장 가설과 뇌 가설:** 과학이 발달하기 이전 우리의 마음이 심장에 있다고 생각한 적도 있었다. 놀라거나 흥분하면 심장 박동이 빨라지는 걸 느끼며 마음이 심장에 있다고 착각했는지 모른다. 마음과 관련된 가장 오래된 기록을 보면 2500년 전 엠페도클레스Empedocles는 우리 마음이 심장에 있다(심장 가설)고 생각했고, 비슷한 시기에 알크마이온Alkmaeon of Croton은 마음이 뇌에 있다(뇌 가설)고 생각했다. 이런 논쟁은 근대 과학이 발전하기 전까지 2000년 넘게 계속되었다. 500년경 성 아우구스틴은 마음이 뇌실(뇌를 들여다보면 뇌척수액이 차 있는 빈 공간)에 있다고 생각했다. 레오나르도 다빈치도 이와 비슷한 생각을 했다. 물론 잘못된 생각이었다. 과학의 발전으로 이제 우리는 마음의 기관이 뇌라는 것을 알고 있다. 하지만 그래도 여전히 우리는 뇌 모양이 아닌 하트(심장) 모양을 마음의 상징으로 사

용하고 있다.

- **심적 표상**mental representation: 외부 대상을 대표하는 마음속 상징 혹은 그 상징을 사용하는 내적 과정.

- **암묵적 지식**implicit knowledge: '어떤 대상에 대한 명확한 인식이나 이해'를 뜻하는 '명시적 지식explicit knowledge'과 달리, 자신은 전혀 인식하거나 이해하지 못하지만, 마음속에 저장해 사용하는 무의식적 지식을 말한다. 명시적 지식뿐 아니라 이런 암묵적 지식 덕분에 인간은 언어생활을 하고 각종 기술을 배워 일상을 영위할 수 있다.

- **여키스-도슨 법칙**Yerkes-Dodson law: 미국 심리학자 로버트 여키스와 존 도슨의 이름을 딴 법칙. 이들에 따르면 인간의 각성 수준이 너무 낮거나 너무 높으면 과제 수행에 방해가 되고, 중간 정도의 적정한 각성 수준을 유지하는 것이 과제 수행에 도움이 된다. 각성 수준과 수행 수준이 '거꾸로 된 U자형 함수관계'를 보인다는 것이다.

- **오경보**false alarm**와 누락**miss: 신호를 탐지할 때 나타날 수 있는 두 가지 오류로는 오경보와 누락이 있다. 신호가 없는 데도 있다고 하는 게 오경보, 반대로 있는데도 없다고 하는 게 누락이다. 이런 오류의 발생은 신호의 강도와 신호 탐지를 방해하는 자극(노이즈)의 유무 및 강도, 신호 발생 빈도, 탐지해야 할 신호의 가짓수 등에 영향받는다. 오경보와 누락은 둘 중 어느 하나를 피하려 하면 다른 하나가 늘어나는 속성이 있다. 둘 중 어느 오류

를 줄이기 위해 노력해야 하는지에 대한 판단은 시대와 상황에 따라 달라질 수 있다.

- **오기억**誤記憶, False memory: 어떤 암시나 맥락을 통해 실제로 일어나지 않은 일을 일어난 것으로 잘못 기억하는 것. '허위 기억'이라고 부르기도 한다. 오기억은 자신의 일화로 구성된 자서전적 기억autobiographical memory에서 주로 나타나는데, 최근 연구는 주변 사람들의 잘못된 암시나 오정보에 의해서도 자신과 관련한 기억이 잘못 형성될 수 있음을 보여 준다.

- **자기기만**self-deception: 어떤 생각이나 믿음에 반하는 분명하고 구체적인 증거들이 있음에도 불구하고 유지하는 생각이나 믿음. 혹은 반대되는 증거가 있음에도 불구하고 자신에 대해 가진 긍정적인 믿음.

- **정박 효과**anchoring effect: 마치 배가 정박할 때 닻anchor을 내리면 닻과 배를 연결하는 밧줄의 범위 내에서 벗어나지 못하듯, 우리의 판단이 사전에 주어진 기준을 중심으로 크게 벗어나지 못하는 경향을 일컫는 말이다.

- **정서의 두 가지 차원**: 정서는 크게 두 가지 독립적인 차원으로 이루어져 있는데 하나의 차원은 각성arousal 수준이고 또 다른 차원은 정서가情緒價, valence다. 정서가는 아주 긍정적인 값부터 아주 부정적인 값까지 연속적인 차원으로 표시할 수 있고, 각성 수준 역시 아주 높은 각성 수준부터 아주 낮은 각성 수준까지 연속적인 차원으로 표시할 수 있다. 가령 2002년 월드컵 8강전에서 한국이 승부차기에서 이겼을 때 우리는 매우 각성한

상태면서 동시에 매우 긍정적인 정서가를 경험했다. 각성 수준이 낮으면서 긍정적인 정서가는 추운 곳에 있다가 따뜻한 침대에서 편안하게 잠을 청할 때 느끼는 정서일 수 있다. 매우 부정적인 정서가면서 높은 각성 상태에 해당하는 것으로는 극도로 불안하거나 공포, 슬픔, 분노를 느낄 때라고 할 수 있다.

- **정서의 상태와 지각:** 정서 상태나 기분에 의해서도 지각은 달라질 수 있다. 즉 정서적 맥락에 의해 영향을 받는다. 재미있는 게임을 하거나 좋아하는 사람과 이야기하다 보면 한두 시간이 금세 지나가는데 하기 싫은 공부를 할 때는 1시간이 길기만 하다. 기분이나 정서 상태에 따라 시간에 대한 지각이 달라지는 것이다. 거리에 대한 지각도 마찬가지다. 공포감을 느낀 대상으로부터의 거리는 더 가깝게 느낀다. 크기에 대한 지각도 마찬가지다. 무서운 장면을 통해 부정적인 흥분 상태가 유발되는 경우에는 그렇지 않은 경우에 비해 같은 크기라도 더 크게 지각한다.

- **조건 형성**conditioning**:** 우리가 의식적으로 알고 깨닫는 과정과는 무관하다. 우리의 고차적 사고 과정도 필요 없고 우리가 의식적으로 알고 있든, 혹은 전혀 모르고 있든 상관없다. 빛이 비치는 쪽으로 물고기가 모이고 바퀴벌레가 보이면 정서를 담당하는 뇌 부위가 활성화되는 것뿐이다. 인간의 뇌도 우리가 의식할 수 있는 영역은 그리 많지 않다. 모든 행동이나 그 행동을 하게 만드는 법칙 등을 의식적으로 모니터링할 만한 여유가 우리의 뇌에는 없는 것이다.

- **주의**attention**:** 우리의 뇌는 매 순간 들어오는 수많은 정보를 모두 처리하기에는 용량에 한계가 있으며, 따라서 입력되는 정보 중 일부 정보만을 선택해 더욱 분명하게 인지할 필요가 있는데, 이런 정보의 선택이나 마음의 집중 상태를 '주의'라고 한다. 시끄러운 곳에서도 대화를 이어 나가거나 혹은 주변에 큰 소리가 들리면 그쪽으로 주의가 향하는 등 우리의 주의는 선택적이고 이동할 수 있으며 분할 가능한 특성을 지니고 있다. 중요한 정보에 최적화된 경계와 선택, 그리고 주의 자원의 적절한 배치와 같은 주의의 기능들은 우리가 문제를 효율적으로 이해하고 해결하는 데 결정적 역할을 한다.

- **주의 향상법:** 보통 주의에 문제가 있을 때(예를 들면 주의력결핍과잉행동장애, ADHD) 그 원인은 원하는 대상만을 처리하지 못해서라기보다는 원하지 않는 방해 자극들을 제대로 차단하지 못하기 때문이다. 따라서 효과적인 주의 향상 방법은 방해가 되는 주변 상황들을 효과적으로 차단하거나 그런 상황을 피하는 것이다. 실제로 우리 뇌는 선택하려는 대상에 방해가 되는 정보들만을 억제해 선택적 주의가 일어나는 방식으로 작동한다. 즉 주의는 필요 없는 정보들을 걸러 내는 방식으로 작동한다.

- **진화 심리학**Evolutionary Psychology**:** 인간의 행동과 마음을 진화적 관점에서 이해하고 설명하는 심리학의 분야. 진화 심리학의 관점에서 보면, 생존에 유리한 마음과 행동이 살아남아 후대에 전달되고 그렇지 않은 마음은 도태되거나 사라진다.

- **틀 효과framing effect**: 어떤 사안이 제시되는 방법에 따라 동일한 사안이라고 해도 그에 관한 사람들의 해석이나 의사 결정이 달라지는 인식의 왜곡 현상. 가령 "컵에 물이 반이나 남았다"는 말과 "물이 반밖에 없다"는 말은 물리적으로 같은 상태를 다른 틀frame로 표현한 것일 뿐이지만, 각각에 대한 사람들의 판단은 큰 차이를 보일 수 있다.

- **품위 가설Grace-의지 가설Will**: 정직과 관련된 두 개의 대표적 가설. 품위 가설은 사람은 원래 정직한 본성이 있어, 부정한 방법으로 이득을 취하려 할 때 정직한 본성을 억누르는 인지적 노력이 필요하다는 가설이다. 반대로 의지 가설은 사람은 본래 이기적이고 부정직해서, 정직하려면 유혹에 저항하는 노력 등 인지적 통제가 필요하다는 것이다.

- **확증편향確證偏向, confirmation bias**: 자신이 믿고 있는 것에 부합하는 정보(확증)에만 주목하고, 그 외의 정보(반증)는 무시하는 사고의 경향성. 자기가 보고 싶은 것만 보고 믿고 싶은 것만 믿는 이런 경향 때문에 인간은 때때로 비이성적인 모습을 보인다.

참고문헌

1 Wason, P. C. (1966). Reasoning. In B. M. Foss (Ed.), *New Horizons in Psychology*. Harmondsworth, UK: Penguin.

2 Tversky, A., & Kahneman, D. (1974). Judgment under Uncertainty: Heuristics and Biases: Biases in judgments reveal some heuristics of thinking under uncertainty. *Science, 185(4157)*, 1124–1131.

3 Englich, B., & Mussweiler, T. (2001). Sentencing under uncertainty: Anchoring effects in the courtroom. *Journal of applied social psychology,* 31(7), 1535–1551. https://doi.org/10.1111/j.1559-1816.2001.tb02687.x.

4 Lammers, J., & Burgmer, P. (2017). Power increases anchoring effects on judgment. *Social Cognition,* 35(1), 40–53.

5 Baron, J. (2000). *Thinking and deciding* (3rd ed.). New York: Cambridge University Press.

6 Tetlock, P. E. (1992). Good judgment in international politics: Three

psychological perspectives. *Political Psychology,* 13(3), 51

7 Mitroff, S. R., Biggs, A. T., & Cain, M. S. (2015). Multiple-target visual search errors: overview and implications for airport security. *Policy Insights from the Behavioral and Brain Sciences,* 2(1), 121-128.

8 Biggs, A. T., Clark, K., & Mitroff, S. R. (2017). Who should be searching? Differences in personality can affect visual search accuracy. *Personality and Individual Differences,* 116(1), 353-358.

9 Hong, I., Jeong, S. K., & Kim, M.-S. (2022). Flexibility and stability of habit learning depending on temporal signal variation. *Journal of Experimental Psychology: Learning, Memory, and Cognition,* 48(1), 1-12.

10 Wells, G. L., & Bradfield, A. L. (1998). "Good, you identified the suspect": Feedback to eyewitnesses distorts their reports of the witnessing experience. *Journal of Applied Psychology,* 83(3), 360-376.

11 Shaw, J., & Porter, S. (2015). Constructing rich false memories of committing crime. *Psychological Science,* 26, 291-301.

12 Oeberst, A., Wachendörfer, M. M., Imhoff, R., & Blank, H. (2021). Rich false memories of autobiographical events can be reversed. *Proceedings of the National Academy of Sciences of the United States of America,* 118(13), e2026447118.

13 Effron, D. A., & Raj, M. (2020). Misinformation and Morality: Encountering Fake-News Headlines Makes Them Seem Less Unethical to Publish and Share. *Psychological Science,* 31(1), 75-87. https://doi.org/10.1177/0956797619887896

14 Pennycook, G., Epstein, Z., & Mosleh, M. (2021). Shifting attention to accuracy can reduce misinformation online. *Nature,* 592, 590-595.

15 Reinhard, M. A., & Schwarz, N. (2012). The influence of affective states on the process of lie detection. *Journal of Experimental Psychology: Applied,* 18(4), 377-389.

16 Wang, D., Forstmeier, W., Martin, K., Wilson, A., & Kempenaers, B. (2020). The role of genetic constraints and social environment in explaining female extra-pair mating. *Evolution,* 74(3), 544-558.

17 Festinger, L., & Carlsmith, J. M. (1959). Cognitive consequences of forced compliance. *The Journal of Abnormal and Social Psychology,* 58(2), 203-210.

18 Chance, Z., Norton, M. I., Gino, F., & Ariely, D. (2011). Temporal view of the costs and benefits of self-deception. *Proceedings of the National Academy of Sciences,* 108(Suppl 3), 15655-15659.

19 Skinner, B. F. (1965). *Science and human behavior* (No. 92904). Simon and Schuster.

20 Anderson, B. L., & Winawer, J. (2005). Image segmentation and lightness perception. *Nature,* 434(7029), 79-83.

21 Anderson, B. L., & Winawer, J. (2005). Image segmentation and lightness perception. *Nature,* 434(7029), 79-83

22 Titchener, E. B. (1901). *Experimental Psychology: A manual of laboratory practice* (Vol. 1). Macmillan Company.

23 Levari, D. E., Gilbert, D. T., Wilson, T. D., Sievers, B., Amodio, D. M., &

Wheatley, T. (2018). *Prevalence-induced concept change in human judgment. Science,* 360(6396), 1465-1467.

24 서은국 (2014). 행복의 기원. 21세기북스. 서울.

25 Diener, E., Suh, E. M., Lucas, R. E., & Smith, H. L. (1999). Subjective well-being: Three decades of progress. *Psychological Bulletin,* 125, 276 -302.

26 Pavot, W., & Diener, E. (1993). Review of the Satisfaction With Life Scale. *Psychological Assessment,* 5(2), 164-172. https://doi.org/10.1037/1040-3590.5.2.164

27 Lyubomirsky, S., King, L., & Diener, E. (2005). The benefits of frequent positive affect: Does happiness lead to success?. *Psychological bulletin,* 131(6), 803-855.

28 신약성경, 데살로니가전서, 5장 16-18절.

29 Dewall, C. N., Macdonald, G., Webster, G. D., Masten, C. L., Baumeister, R. F., Powell, C., Combs, D., Schurtz, D. R., Stillman, T. F., Tice, D. M., & Eisenberger, N. I. (2010). Acetaminophen Reduces Social Pain: Behavioral and Neural Evidence. *Psychological Science,* 21(7), 931-937.

30 Sperry, R. (1974). Lateral specialization in the surgically separated hemispheres. *The Neuroscience* (Third study program).

31 Gazzaniga, M. S. (1967). The Split Brain in Man. *Scientific American,* 217(2), 24-29. http://www.jstor.org/stable/24926082

32 Simons, D. J., & Chabris, C. F. (1999). Gorillas in our midst: Sustained inattentional blindness for dynamic events. *Perception,* 28(9), 1059-1074.

33 Kim, M. S., & Robertson, L. C. (2001). Implicit represenatations of space

after bilateral parietal lobe damage. *Journal of Cognitive Neuroscience,* 13(8), 1080-1087.

34 Hong, I., Jeong, S. K., & Kim, M. S. (2022). Implicit learning of a response-contingent task. Attention, *Perception, & Psychophysics,* 84(2), 540-552.

35 Kuo, C. Y., & Chao, H. F. (2014). Role of attentional tags in working memory-driven attentional capture. *Journal of experimental psychology: human perception and performance,* 40(4), 1301.

36 Hong, I., & Kim, M. S. (2022). Habit-like attentional bias is unlike goal-driven attentional bias against spatial updating. *Cognitive Research: Principles and Implications,* 7(1), 50.

37 Miller, G. (1956). The Magical number seven, plus or minus two: Some limits on our capacity for processing information. *Psychological Review,* 63, 81-97.

38 Luck, S. J., & Vogel, E. K. (1997). The capacity of visual working memory for features and conjunctions. *Nature,* 390, 279-281.

39 Squire, L.R. (2004) Memory Systems of the Brain: A Brief History and Current Perspective. *Neurobiology of Learning and Memory,* 82, 171. http://dx.doi.org/10.1016/j.nlm.2004.06.005

40 Ericsson, K. A., & Polson, P. G. (1988). An experimental analysis of the mechanisms of a memory skill. *Journal of Experimental Psychology: Learning, Memory, and Cognition,* 14(2), 305-316.

41 Meissner, Christian & Brigham, John. (2001). Thirty Years of Investigating the Own-Race Bias in Memory for Faces: A Meta-Analytic Review.

Psychology, Public Policy, and Law. 7. 3-35. 10.1037/1076-8971.7.1.3.

42 Speer, M. E., Bhanji, J. P., & Delgado, M. R. (2014). Savoring the Past: Positive Memories Evoke Value Representations in the Striatum. *Neuron,* 84, 847-856.

43 Clos, M., Bunzeck, N., & Sommer, T. (2019). Dopamine is a double-edged sword: dopaminergic modulation enhances memory retrieval performance but impairs metacognition. *Neuropsychopharmacology,* 44(3), 555-563. https://doi.org/10.1038/s41386-018-0246-y

44 Sellen, A. J., Louie, G., Harris, J. E., & Wilkins, A. J. (1997). What brings intentions to mind? *An In Situ study of prospective memory. Memory,* 5(4), 483-507. https://doi.org/10.1080/741941433

45 Walker, W. R., Skowronski, J., Gibbons, J., Vogl, R., & Thompson, C. (2003). On the emotions that accompany autobiographical memories: Dysphoria disrupts the fading affect bias, *Cognition and Emotion,* 17(5), 703-723, DOI: 10.1080/02699930302287

46 Pavlov, P. I. (2010). Conditioned reflexes: An investigation of the physiological activity of the cerebral cortex. *Annals of Neurosciences,* 17(3), 136-141.

47 Mathot, S., Grainger, J., & Strijkers, K. (2017). Pupillary responses to words that convey a sense of brightness or darkness. *Psychological Science,* 28(8), 1116-1124.

48 Hwang, B.-W., & Kim, M.-S. (2016). Implicit learning of a speed-contingent target feature. *Psychonomic Bulletin & Review.* 23(3), 803-808.

49 Vendetti, M., Castel, A. D., & Holyoak, K. J. (2013). The floor effect: Impoverished spatial memory for elevator buttons. *Attention, Perception, & Psychophysics,* 75(4), 636-643.

50 Gardner, H. (1983). *Frames of mind: The theory of multiple intellegences.* New York: Basic Books.

51 Tartaglia, E. M., Bamert, L., Mast, F. W., & Herzog, M. H. (2009). Human Perceptual Learning by Mental Imagery. *Current Biology,* 19(24), 2081-2085.

52 Flegal, K. E., & Anderson, M. C. (2008). Overthinking skilled motor performance: Or why those who teach can't do. *Psychonomic Bulletin & Review,* 15, 927-932.

53 Tversky, A., & Kahneman, D. (1991). Loss aversion in riskless choice: A reference-dependent model. *The Quarterly Journal of Economics,* 106(4), 1039-1061.

54 Dijksterhuis, A., Bos, M. W., Nordgren, L.F., & van Baaren, R.B. (2006). On making the right choice: The deliberation-without attention effect. *Science,* 311, 1005-1007.

55 Danziger, S ., Levav, J., & Avnaim-Pesso, L. (2011). Extraneous factors in judicial decisions. *Proceedings of the National Academy of Sciences,* 108 (17), 6889-6892.

56 Levine, S., Mikhail, J., & Leslie, A. M. (2018). Presumed innocent? How tacit assumptions of intentional structure shape moral judgment. *Journal of Experimental Psychology: General,* 147(11), 1728-1747.

57 Darley, J. M., & Batson, C. D. (1973). " From Jerusalem to Jericho": A study of situational and dispositional variables in helping behavior. *Journal of Personality and Social Psychology,* 27(1), 100-108.

58 Hewstone, M. (1990). The 'ultimate attribution error'? A review of the literature on intergroup causal attribution. *European Journal of Social Psychology,* 20(4), 311-335.

59 Malle, B. F. (2006). The actor-observer asymmetry in attribution: A (surprising) meta-analysis. *Psychological Bulletin,* 132(6), 895-919.

60 Abe, N., & Greene, J. D. (2014). Response to anticipated reward in the nucleus accumbens predicts behavior in an independent test of honesty. *Journal of Neuroscience,* 34(32), 10564-10572.

61 Suchotzki, K., Verschuere, B., Van Bockstaele, B., Ben-Shakhar, G., & Crombez, G. (2017). Lying takes time: A meta-analysis on reaction time measures of deception. *Psychological Bulletin,* 143(4), 428-453.

62 McClure, S. M., Laibson, D. I., Loewenstein, G., & Cohen, J. D. (2004). Separate neural systems value immediate and delayed monetary rewards. *Science,* 306(5695), 503-507.

63 Capraro, V., Schulz, J., & Rand, D. G. (2019). Time pressure and honesty in a deception game. *Journal of Behavioral and Experimental Economics,* 79, 93-99.

64 Capraro, V., Schulz, J., & Rand, D. G. (2019). Time pressure and honesty in a deception game. *Journal of Behavioral and Experimental Economics,* 79, 93-99.

65 Speer, S. P., Smidts, A., & Boksem, M. A. (2020). Cognitive control increases honesty in cheaters but cheating in those who are honest. *Proceedings of the National Academy of Sciences,* 117(32), 19080-19091.

66 Nairne, J. S., Thompson, S. R., & Pandeirada, J. N. S. (2007). Adaptive memory: Survival processing enhances retention. *Journal of Experimental Psychology: Learning, Memory, and Cognition,* 33(2), 263-273.

67 Choi, J. H., & Kim, M. S. (2010). Survival processing advantage and sex differences in location memory. *Korean Journal of Cognitive Science,* 21(4), 697-723.

68 통계청, (2020). "2020년 출생 통계", 통계청 보도자료 (2021년 8월 24일자)

69 Oettingen, G., Mayer, D., & Portnow, S. (2016). Pleasure now, pain later: Positive fantasies about the future predict symptoms of depression. *Psychological Science,* 27(3), 345-353.

70 Gardner, M. (1999). Chess queens and maximum unattacked cells. *Math Horizons,* 7(2), 12-16.

71 Luchins, A. S. (1942). Mechanization in problem solving: The effect of Einstellung. *Psychological monographs,* 54(6), i.

72 Chi, R. P., & Snyder, A. W. (2012). Brain stimulation enables the solution of an inherently difficult problem. *Neuroscience letters,* 515(2), 121-124.

73 Yerkes, R. M., & Dodson, J. D. (1908). The relation of strength of stimulus to rapidity of habit-formation. *Journal of Comparative Neurology & Psychology,* 18, 459-482.

74 Han, S. H., & Kim, M. S. (2004). Visual search does not remain efficient when executive working memory is working. *Psychological science,* 15(9), 623-628.

75 Shiffrin, R. M., & Lightfoot, N. (1997). Perceptual learning of alphanumeric-like characters.

76 Strayer, D. L., & Johnston, W. A. (2001). Driven to distraction: Dual-task studies of simulated driving and conversing on a cellular telephone. *Psychological science,* 12(6), 462-466.

77 Rhodes, M., Leslie, S. J., Yee, K. M., & Saunders, K. (2019). Subtle linguistic cues increase girls' engagement in science. *Psychological Science,* 30(3), 455-466.

78 Rhodes, M., Leslie, S. J., & Tworek, C. M. (2012). Cultural transmission of social essentialism. *Proceedings of the National Academy of Sciences,* 109(34), 13526-13531.

79 Maslow, A. H. (1943). A theory of human motivation. *Psychological Review,* 50(4), 370-396.

KI신서 10946

더 컨트롤러

1판 1쇄 인쇄 2023년 5월 20일
1판 1쇄 발행 2023년 5월 24일

지은이 김민식
펴낸이 김영곤
펴낸곳 (주)북이십일 21세기북스

콘텐츠개발본부이사 정지은
정보개발팀장 이리현
정보개발팀 강문형 박종수
출판마케팅영업본부장 민안기
마케팅1팀 배상현 한경화 김신우 강효원
출판영업팀 최명열 김다운
제작팀 이영민 권경민

출판등록 2000년 5월 6일 제406-2003-061호
주소 (10881) 경기도 파주시 회동길 201(문발동)
대표전화 031-955-2100 **팩스** 031-955-2151 **이메일** book21@book21.co.kr

ISBN 978-89-509-2739-4 03180